Die Deutsche Bibliothek – CIP-Einheitsaufnahme

Mein erstes großes Tierbuch von A bis Z / Christian Havard ; Patrick Louisy. Ill. von Catherine Fichaux . . .
[Aus dem Franz. von Cornelia Panzacchi]. - München : Ars-Ed., 2002
(Wissen für Kinder)
ISBN 3-7607-4766-3

1. Auflage 2002

Aus dem Französischen von Cornelia Panzacchi
Redaktion: Magda-Lia Bloos
Textlektorat: Heike John, Annette Maas, Ina Schumacher
Umschlaggestaltung: Christina Krutz
ISBN 3-7607-4766-3

www.arsedition.de

Mein erstes großes Tierbuch von A bis Z

Illustrationen von Catherine Fichaux,
Claire Felloni, Jean Grosson und Pascal Robin
Text von Christian Havard und Patrick Louisy

arsEdition

Inhalt

8 Das Amselmännchen

Amsel und Spatz sind die vertrautesten Bewohner unserer Gärten. Man sieht und hört sie überall. Amseln sind nicht sehr scheu. Sie hüpfen scheinbar ohne Furcht durch das Gras. Droht Gefahr, fliegen sie schnell auf und rufen mehrmals laut hintereinander»tix, tix, tix«.

Amseln werden etwa 25 cm lang.

Amseln fressen vor allem Samen, Würmer und Insekten. Im Sommer, wenn die Früchte an den Obstbäumen reif werden, picken sie an Kirschen, Aprikosen, Pfirsichen und Pflaumen. Sehr gerne naschen sie auch an Erdbeeren und Himbeeren – trotz Netzen und Vogelscheuchen!

Es wird Frühling!

Das Amselmännchen sucht sich bei Sonnenaufgang oder -untergang einen hohen Ast, um zu singen. Er grenzt damit sein Revier ab. Meistens antwortet ihm ein zweites Männchen in der Nachbarschaft. Sein Gesang besteht aus einem melodisch geflötetem Lied.

Das Amselweibchen

Anders als das Männchen ist das Gefieder des Weibchens nicht schwarz, sondern braun. Brust und Bauch sind braunbeige gefleckt. Sie besitzt keine gelben Augenringe und ihr Schnabel ist hellbraun.

Das Nest wird von beiden Elternteilen gemeinsam gebaut. Es hat die Form eines großen Napfs und ist stabil in einer Hecke verankert. Es besteht aus Moos, trockenem Gras und Schlamm.

Das Weibchen legt drei bis fünf blaugrüne Eier mit braunen Flecken. Sie brütet die Eier alleine aus. Zwölf Tage lang verlässt sie ihr Nest nur kurz, um zu trinken und zu fressen.

Die Jungen schreien ständig nach Futter. Sie warten mit hoch erhobenen Köpfen und weit aufgesperrtem Schnabel auf Nahrung. Ihre Eltern füttern sie mit Larven, Insekten und Würmern.

Nach 13 bis 14 Tagen verlassen die jungen Amseln das Nest. Da sie die ersten Tage noch nicht richtig fliegen können, müssen ihre Eltern sie weiterhin füttern.

10 Das Auerhuhn

Es gehört zur Familie der Hühnervögel und ernährt sich von Tannennadeln, jungen Trieben, Insekten und Knospen. Wenn das Auerhuhn aufgeregt ist, fliegt es schwerfällig auf und landet bald darauf wieder im Gleitflug.

Im Winter kann das Auerhuhn mehrere Tage hintereinander auf einem Baum sitzen und fasten.

Die Läufe sind gefiedert.

Der Hahn wiegt bis zu 5 kg und lebt außerhalb der Balzzeit als Einzelgänger.

Die Balz

Sie findet von Februar bis Juni statt. Um die Weibchen auf sich aufmerksam zu machen, singen und tanzen die Männchen jeweils zu zweit, halten sich gegenseitig am Schnabel und schlagen einander mit den Flügeln, bis der Schwächere aufgibt.

Bitte nicht stören!

Auerhühner leben in ruhigen Wäldern und Bergwäldern. Aber man sieht sie kaum, denn sie sind selten und sehr scheu. Wenn Waldarbeiter oder Spaziergänger im Wald sind, verstecken sich die Hühnervögel.

Das Weibchen ist kleiner als der Hahn und wiegt etwa 2 kg.

Mit seinem rostbraunen, weiß und schwarz gefleckten Gefieder ist das Weibchen unauffälliger als der Hahn.

Das Weibchen zieht die Küken alleine auf.

Die Verwandtschaft

In Wäldern und Mooren leben die abgebildeten Verwandten des Auerhuhns.

12 Der Braunbär

Er ist das größte Raubtier unserer Berge. Sein Gewicht liegt meist zwischen 150 und 250 kg, kann aber auch über 300 kg betragen. Der Bär stellt allerdings kaum eine Gefahr für den Menschen dar, da er vor ihm flieht, sobald er ihn hört oder wittert. Den Großteil ihres Lebens verbringen Bären als Einzelgänger.

Grrrrrrr!

Die Bärin ist meist friedlich – es sei denn, sie glaubt, ihre Jungen seien vielleicht in Gefahr!

Das dicke Fell besteht aus drei Haarschichten.
Die Krallen an den Vordertatzen sind 5 bis 7 cm lang.

Bären sehen nicht gut. Gegenstände, die 40 oder 50 m von ihnen entfernt sind, können sie nicht mehr erkennen.

Fische sind für Bären Leckerbissen. Zum Fischefangen gehen die Bären ins Wasser und spießen die Fische mit einem Tatzenhieb auf ihren Krallen auf.

Die letzten Bären

Bären wurden immer stark bejagt, unter anderem, weil man glaubte, die Schafherden vor ihnen schützen zu müssen. Mit Fallen, Giftködern und Gewehren wurden sie beinahe ausgerottet. Ihre letzten Rückzugsgebiete in Europa sind die Pyrenäen in Frankreich und Spanien, die Abruzzen in Italien sowie die Karpaten in Rumänien.

Bären können aufrecht auf den Hinterbeinen laufen.

Die Wölfe kehren zurück

Ähnlich wie die Bären waren auch die Wölfe aus Mitteleuropa fast verschwunden. Inzwischen sind wieder Tiere aus dem Osten nach Deutschland eingewandert.

Die Tiere leben in Rudeln. Jedes Rudel besteht aus einem Dutzend Wölfe und wird von einem Leitwolf angeführt.

Die Jungwölfe sind neugierig und verlassen gerne ihr Lager. Deshalb passt immer ein Mitglied des Rudels auf die Kleinen auf.

14 Der Dachs

Der schwarzweiß gestreifte Kopf ist das besondere Kennzeichen des Dachses. Er hat, vor allem im Herbst, einen runden Bauch. Weil er so tapsig läuft, erinnert er an einen kleinen Bären.

Der Speiseplan des Dachses

Dachse sind Allesfresser. Ihre Ernährung ist vielseitig und richtet sich nach der Jahreszeit: Früchte, kleine Nager, Insekten, Larven, Pilze, Getreide, Gras und Wurzeln. Am liebsten aber mögen sie Regenwürmer. In einer einzigen Nacht können sie bis zu hundert Stück davon verspeisen.

Der Dachs verlässt nur nachts seinen Bau und ist sehr scheu. Auf seinen Streifzügen läuft er immer auf den gleichen Wegen.

Großfamilie

Dachse sind friedlich und gesellig. Sie leben in Familien mit drei bis neun Mitgliedern beider Geschlechter, also Männchen und Weibchen zusammen. Mit Duft aus besonderen Drüsen markieren sie ein gemeinsames Revier.

Seinen Bau gräbt der Dachs bis zu 5 m tief, mit Gängen von mehreren Dutzend Metern Länge. Von außen erkennt man die Bauten an den großen Erdhaufen vor dem Haupteingang.

Dachse fressen gern Weizen und grünen Mais. Deshalb sind sie bei Bauern nicht sehr beliebt.

16 Die Delfine

So wie die Menschen haben auch die Gewöhnlichen Delfine Lungen und atmen Luft. Abgesehen davon aber sehen sie wie ein Fisch aus. Delfine sind kleine Zahnwale und gehören zur Ordnung der Waltiere.

Warum Säugetiere?

Das Delfinweibchen bringt ein Junges zur Welt, das sie anschließend säugt. Alle Tiere, deren Junge lebend geboren und dann gesäugt werden, sind Säugetiere.

Die Schwanzflosse oder Fluke ist waagerecht und bewegt sich auf- und abwärts.

Die Haut der Delfine ist sehr glatt, deshalb können sie mit hoher Geschwindigkeit durch das Wasser gleiten.

Zahnwale

Außer dem Gewöhnlichen Delfin gibt es noch viele andere Arten von Delfinen. Hier stellen wir drei vor, die auch in europäischen Gewässern schwimmen.

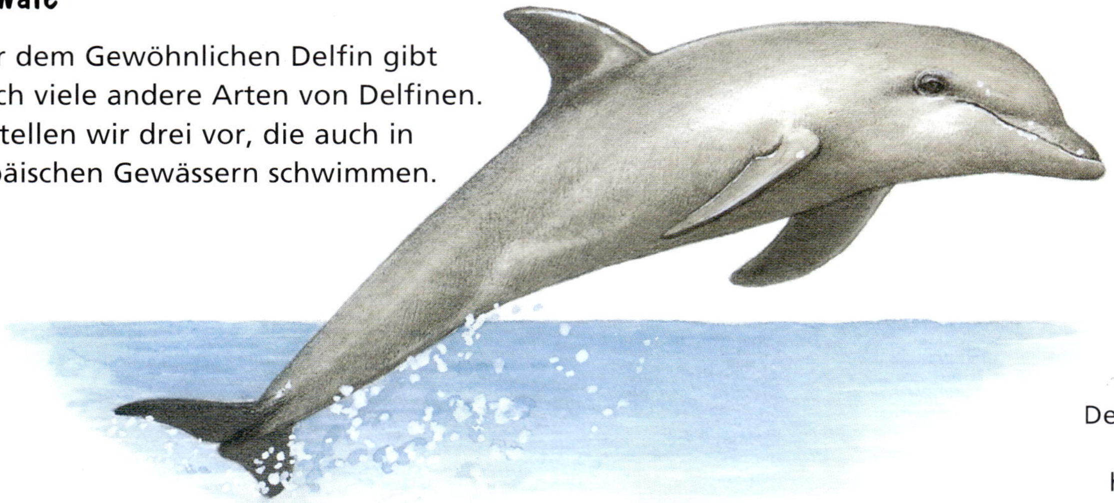

Der vollkommen graue Große Tümmler hält sich am häufigsten in Küstennähe auf. Manchmal begleitet er Schwimmer und Taucher.

Die aufrechte, steife Finne hilft dem Delfin, im Wasser seinen Kurs zu halten.
Die Kiefer sind sehr lang und lassen seine Schnauze wie einen Schnabel aussehen.
Bauch-flossen

Damit er atmen kann, ohne sein Schwimmen zu unterbrechen, sitzt sein einziges Nasenloch, das Blasloch, oben auf dem Kopf.

Mit den Bauchflossen oder Flippern steuern sie.

Vierbeinige Vorfahren

Die Vorfahren der Delfine lebten an Land und hatten vier Beine. Im Lauf der Zeit sind die Vorderbeine zu Flossen geworden, während die nutzlos gewordenen Hinterbeine langsam verschwunden sind.

der Schweinswal

Schweinswale werden nicht größer als Menschen; ihre Schnauze ist rund und nicht schnabelartig. Sie werden nur selten gesichtet.

Der Schwertwal oder Orca kann über 9 m lang werden. Er greift manchmal Delfine und Wale an, ernährt sich aber vorwiegend von Fischen. Schwertwale leben und jagen in Familiengruppen von bis zu 40 Tieren.

der Schwertwal

Der Desman

Dieser kleine Insektenfresser ist ein Nachttier und kommt nur in den Pyrenäen vor. Sein Körpergewicht beträgt durchschnittlich 60 g. Er ist mit der Spitzmaus verwandt und lebt an Bächen, Flüssen und Seen – überall dort, wo das Wasser sauber und klar ist.

Mit den Vorderpfoten kann er graben und schwimmen.
Die Pfoten sind breit, flach und schuppig.

Unter Wasser sucht er nach Insektenlarven. Dazu dreht er mit dem Rüssel kleine Steine um und wühlt in Sand und Algen.

Das Weibchen bringt zwei- bis dreimal im Jahr vier oder fünf Junge zur Welt.

Auf dem langen Schwanz wachsen steife Borsten.

Der Desman verbirgt sich am Ufer im Wurzelwerk der Pflanzen. Von seinem Bau entfernt er sich nie sehr weit.

Ein kleines Rüsseltier

Der Desman hat einen Rüssel – so wie der Elefant, aber natürlich viel kleiner! Besonders von unten sieht seine Schnauze ganz schön komisch aus!

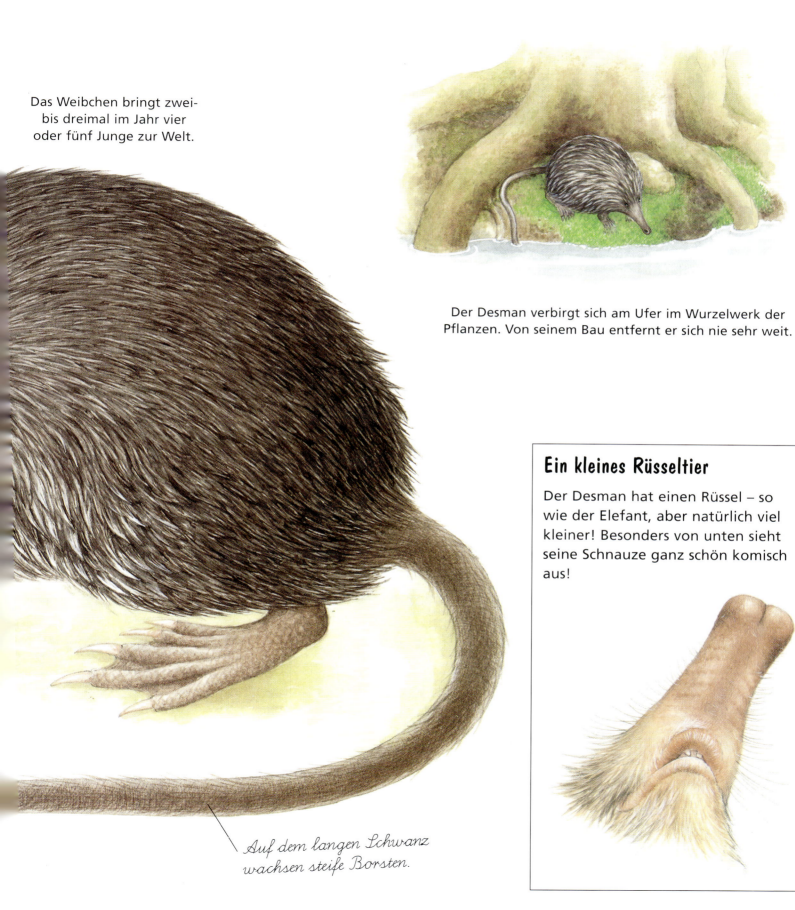

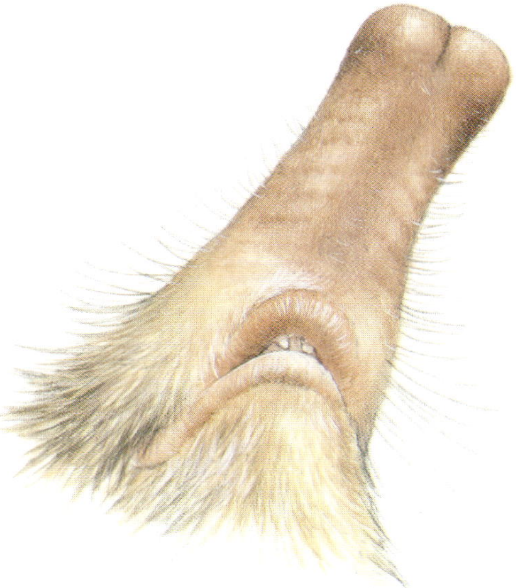

20 Der Eichelhäher

Nur an seiner Stimme und seinem Schrei erkennt man, dass der Eichelhäher ein Rabenvogel ist. Anders als seine Verwandten hat er ein wunderschönes Federkleid: rötlichbraun am Körper mit schwarzblau gewürfeltem Flügelstreif und glänzenden schwarzen Federn an Flügeln und Schwanz. Mit etwas Glück kann man im Wald Federn finden, die er verloren hat.

Warnung an alle!

Wenn er etwas bemerkt, das er für gefährlich hält, warnt der Eichelhäher den ganzen Wald. Er folgt dem Spaziergänger oder dem Fuchs und schreit dabei: »rrää, rrää, rrää« – nicht wohlklingend, aber dafür laut.

Ebenso wie alle Mitglieder der Familie der Rabenvögel plündert auch der Eichelhäher die Nester anderer Vögel und macht sich über Eier und Küken her.

Der Eichelhäher kommt in Wäldern häufig vor, besucht aber auch Parks und Gärten.

Wenn er aufgeregt ist, stellen sich die Federn auf seinem Scheitel auf und er wippt mit dem Schwanz.

Der Eichelhäher als Gärtner

Ohne es selbst zu wissen, ist der Eichelhäher ein ausgezeichneter Gärtner. Weil er immer versucht, mehrere Eicheln auf einmal in sein Nest zu tragen, oder aber zu hastig frisst, fallen ihm viele aus dem Schnabel. So sät er überall im Wald Eicheln aus und sorgt dafür, dass seine Lieblingsbäume nachwachsen.

Männchen und Weibchen sehen gleich aus.

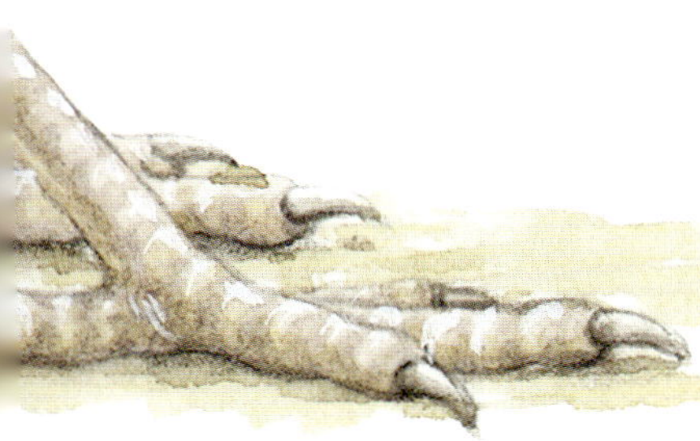

Das Eichhörnchen

Es springt von Ast zu Ast, klettert an den Baumstämmen hinauf und hinunter und versteckt sich im Laub. Es scheint immer Angst zu haben, etwas zu versäumen. Kaum hat man das Eichhörnchen auf einem Baum erblickt, sitzt es schon auf dem nächsten, zeigt sein Näschen hinter einem Baumstamm, schnuppert ein bisschen in die Runde – und ist schon wieder so plötzlich verschwunden, als hätte es sich selbst weggezaubert.

Nussknacker

Manchmal findet man an einem Baumstumpf ein Häufchen Haselnüsse: ein Vorratslager, das ein zerstreutes Eichhörnchen vergessen hat.

Das Eichhörnchen kann nicht warten, bis die Nüsse reif sind und herunterfallen, sondern holt sie sich grün von den Zweigen.

Um an den Kern zu kommen, nagt es ein rundes Loch in die Spitze der Nuss – ähnlich, wie du bei deinem Frühstücksei oben die Schale abpellst.

Der Schwanz hilft bei akrobatischen Sprüngen das Gleichgewicht zu halten.

Im Herbst legen Eichhörnchen Wintervorräte an, die sie in Baumlöchern verstecken oder eingraben. Sie halten keinen richtigen Winterschlaf, schlafen aber viel und bewegen sich nur, um ihre vielen verschiedenen Speisekammern aufzusuchen.

Ein warmes Nest

Ähnlich wie Vögel leben Eichhörnchen in Nestern, »Kobel« genannt, die aber anders aussehen als Vogelnester. Sie bauen sie in Astgabeln, indem sie Zweige verflechten. Innen sind sie sehr gemütlich mit Heu und Moos gepolstert.

24 Der Afrikanische Elefant

Er ist das größte Landsäugetier. Seinen Rüssel setzt er wie eine Hand ein. Dabei ist der Rüssel die Verlängerung der Nase. Wilderer jagen Elefanten, um an das Elfenbein ihrer Stoßzähne zu kommen.

Vorsicht, Gefahr!

Angriffe von Elefanten sind beeindruckend. Mit erhobenem Rüssel, lautem Trompeten und ausgebreiteten Ohren laufen sie auf Gegner oder Feinde zu und zertrampeln dabei alles, was ihnen in den Weg kommt. Meistens aber bleibt es bei der Einschüchterung; der Elefant bleibt drohend stehen, ohne anzugreifen.

Nach 22 Monaten Tragzeit wird das Elefantenjunge mitten in der Herde geboren. Alle Tiere der Herde kommen sofort herbei und begrüßen das 120 kg schwere Kalb. Die älteren Töchter der Elefantenmutter helfen ihr bei der Erziehung ihres jüngsten Kindes. Wenn es ungehorsam ist, bekommt es einen Klaps mit dem Rüssel auf sein Hinterteil.

Ein großer Bulle wiegt bei 4 m Schulterhöhe bis zu 6 t. Die kleinere Elefantenkuh wird bis zu 3 m groß und 3,5 t schwer.

Mit seinem Rüssel reißt der Elefant Grasbüschel aus und führt sie zum Maul. Er frisst auch Erde, denn sie enthält viele Mineralstoffe. Wenn er Gelegenheit dazu hat, nascht er gerne Früchte und süße Beeren.

Elefanten haben n den Vorderfüßen 5 Nägel, an den Hinterfüßen nur 3.

Ein Elefantenkalb kann gleich nach der Geburt laufen. Um bei Wanderungen nicht den Anschluss an die Herde zu verlieren, hält es sich mit dem Rüssel am Schwanz der Mutter fest.

Der kleine Elefant trinkt fünf Monate lang bei der Mutter – mit dem Maul, nicht mit dem Rüssel. Anfangs ist ihm der Rüssel ständig im Weg. Indem er die Erwachsenen beobachtet, lernt er mit ihm umzugehen.

Die drei Bäder der Elefanten

Elefanten lieben es, ein Bad zu nehmen. Auf diese Weise pflegen, reinigen und schützen sie ihre Haut und führen ihr Feuchtigkeit zu.

Sie baden im Wasser,

im Staub

oder im Schlamm.

26 Der Erpel

Enten leben im Freien, in der Nähe des Wassers. Die Menschen halten sie wegen ihres Fleisches und ihrer Federn. Im Sommer verlieren sie während der Mauser die alten Federn und bekommen neue. Mit ihren Daunen kann man Kissen und Bettdecken füllen.

Die Zehen sind durch Schwimmhäute verbunden.

Der Schnabel ist flach und hat innen eine Reihe von »Zähnchen« aus Horn, mit denen die Enten Gras fressen können. Außerdem ist er noch mit einer Art Sieb ausgestattet, mit dem sie kleine Tiere aus dem Wasser filtern.

Enten haben am Bürzel eine Fettdrüse. Die Tiere nehmen das Fett mit dem Schnabel auf und streichen es über das Gefieder. Dadurch wird ihr Federkleid Wasser abweisend.

Mit ihren Schwimmfüßen können Enten gut paddeln, aber schlecht laufen.

Im befruchteten Ei wächst ein Entenküken heran.

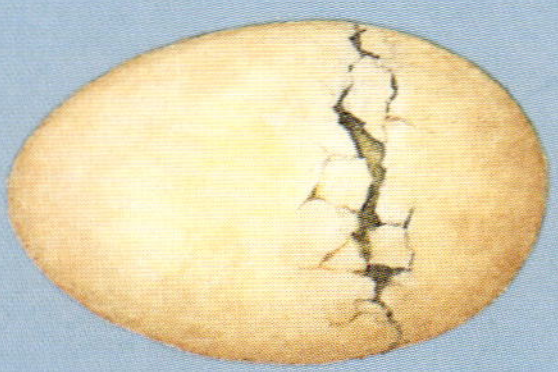

Mit dem Ei-Höcker auf dem Schnabel schlägt das Küken die Schale auf.

Ganz nass schlüpft es aus dem Ei.

Die Ente

Das Weibchen des Erpels heißt Ente. Es brütet seine Eier vier Wochen lang aus. Wenn das Küken zwei Tage alt ist, geht es zum ersten Mal baden. Mit drei Wochen verliert es seinen ersten Flaum und bekommt schöne bunte Federn.

Kopf und Schnabel sind bei Männchen und Weibchen verschieden geformt. Die Ente ist außerdem kleiner als der Erpel und nicht so bunt.

Die Hausente ist schwerer als die Wildente. Sie hat zwar große Flügel, kann aber nicht gut fliegen.

Es kann sofort sehen, hören, stehen und gehen.

Es folgt der Ente und den anderen Küken zum Teich.

28 Der Esel

In vielen Ländern der Erde müssen Esel heute noch schwere Lasten tragen und Wagen ziehen. Bei uns werden sie nur noch aus Liebhaberei oder als Spielkameraden für Kinder gehalten.

Bei den Eseln heißt das Junge Fohlen, sein Vater Eselhengst. Die Eselhengste werden meist von den anderen Tieren getrennt. Wenn ihnen das nicht gefällt, schreien sie – so laut, dass man es weithin hören kann!

Esel fressen Gras, aber sie mögen auch harte und stachelige Pflanzen. Disteln sind für sie eine besondere Delikatesse.

Mischlinge

Wenn man eine Pferdestute von einem Eselhengst decken lässt, wird das Fohlen ein Maultier. Der Maulesel ist das Fohlen einer Eselstute und eines Pferdehengstes. Das Maultier schreit wie ein Esel, der Maulesel wiehert wie ein Pferd.

Sein Fell ist meist grau oder braun, oft mit einem dunklen Strich quer über den Schultern und einem Längsstrich über der Wirbelsäule.

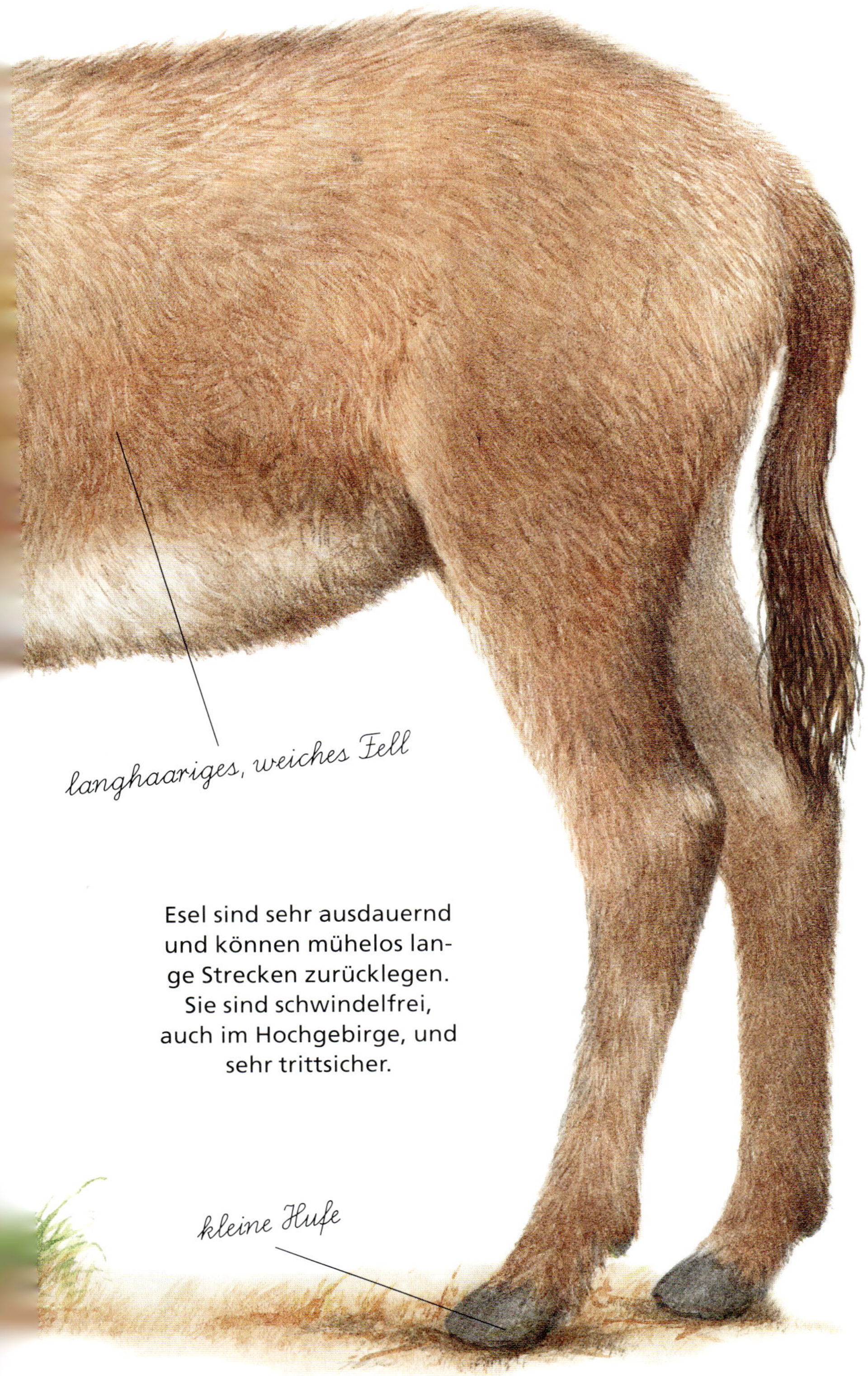

Esel sind sehr ausdauernd und können mühelos lange Strecken zurücklegen. Sie sind schwindelfrei, auch im Hochgebirge, und sehr trittsicher.

Ein Eselfohlen kommt zur Welt

Die Eselin legt sich mit ihrem dicken Bauch auf die Seite. Manchmal hilft der Tierarzt bei der Geburt.

Zuerst kommen die Vorderbeine des Fohlens zum Vorschein, dann der Kopf und endlich der ganze Körper.

Die Eselstute leckt das Fohlen ab und stupst es mit der Nase an, damit es aufsteht.

Sobald es aufgestanden ist, sucht es das Euter der Mutter, um zu trinken.

30 Das Flusspferd

Eine schwere Tonne auf vier Säulen und ein Maul wie eine riesige Schuhschachtel mit offenem Deckel: das muss ein Flusspferd sein! Im Wasser bewegt sich das Tier jedoch sehr geschickt und auf dem Land kann es bis zu 30 km/h schnell laufen.

Flusspferde verbringen den Tag dösend im Wasser. Ihre Haut ist sehr empfindlich und verträgt die Sonne nicht. Sie tauchen so tief in das Wasser ein, dass nur ihre Nüstern, Augen und Ohren herausschauen. Auch unter Wasser fühlen sie sich wohl. Sie tauchen nur alle 5 Minuten auf, um Luft zu holen.

Unter der unbehaarten zarten Haut liegt eine dicke Fettschicht.

Weibliche Flusspferde bringen alle zwei Jahre ein Junges zur Welt. Es wiegt bei der Geburt bereits 30 kg und mit einem Jahr 250 kg. Im Alter von 10 Jahren wird es 1,5 bis 2,5 t schwer sein!

Wer ist stärker?

Zwischen erwachsenen Männchen kommt es häufig zu Meinungsverschiedenheiten. Die Flusspferdbullen schüchtern den Gegner ein, indem sie grunzend das Maul weit aufreißen, um ihre großen Eckzähne zu zeigen. Wenn das nicht zu genügen scheint, beißen sie zu, danach wird gekämpft.

Wenn es ins Wasser taucht, verschließt es Ohren und Nüstern.

Die vier Zehen sind durch Schwimmhäute miteinander verbunden.

Sobald die Sonne untergegangen ist, kommen die Flusspferde zum Fressen aus dem Wasser. Sie weiden die ganze Nacht lang das hohe Gras am Ufer ab, oder sie wagen sich auf der Suche nach den 40 kg Nahrung, die sie täglich brauchen, in die Savanne hinein.

Zahndiebe

Die Eckzähne werden bis zu 50 cm lang und bis zu 3 kg schwer. Seit Elefanten geschützt sind, lassen Elfenbeinschmuggler Flusspferde töten, um ihre Zähne Gewinn bringend zu verkaufen.

32

Der Fuchs

Füchse gibt es fast überall auf der Welt: in den Bergen und am Meer, in der Wüste ebenso wie am Nordpol. In alten Geschichten werden sie oft Reineke Fuchs genannt.

Die neugeborenen Fuchsjungen sehen aus wie Hundewelpen. Sie haben eine runde Schnauze und sind blind. Jedes Junge wiegt nur 100 g. Im Alter von zwei Wochen öffnen sie die Augen.

Im Winter ist das Fell dichter und schützt gut vor Kälte.
Der Schwanz ist 35 bis 40 cm lang.

Füchse fressen Kaninchen, Vögel, Eier, aber auch Früchte und Beeren. Hühner und Gänse können sie heute kaum noch stehlen, dazu ist das Geflügel zu gut geschützt. Anstatt in den Hühnerstall schleichen sich manche Füchse deshalb in die Städte und durchstöbern die Mülltonnen.

Mäuse und andere kleine Nager fängt der Fuchs, indem er sich aufrichtet, hochspringt und sich auf seine Beute wirft.

Es kommt vor, dass sich eine Fuchsfamilie einen großen Bau mit Kaninchen oder Dachsen teilt.

Die Tollwut

Füchse wurden in der Vergangenheit beinahe ausgerottet, weil man sie für die Ausbreitung der Tollwut verantwortlich machte. Inzwischen bekämpft man die Tollwut, indem man Köder mit Impfstoff auslegt.

Die Gämse

Im Sommer leben die Gämsen im Hochgebirge. Man trifft sie auf Hangwiesen und Almen in etwa 2500 m Höhe an. Im Winter steigen sie in die Wälder hinab: Jetzt kann man sie schon auf 1000 m Höhe sehen. In Europa leben sie in den Alpen, im Schweizer Jura, in den Vogesen und den Pyrenäen, aber auch im Schwarzwald und in der Schwäbischen Alb.

Eine Gämse ist 1 bis 1,30 m lang, 70 bis 85 cm hoch und wiegt zwischen 17 und 50 kg.

Von Mai bis Juni bringen die Weibchen ein bis zwei Junge zur Welt. Sie können bald mit ihrer Mutter über die Wiesen laufen und in den Felsen klettern.

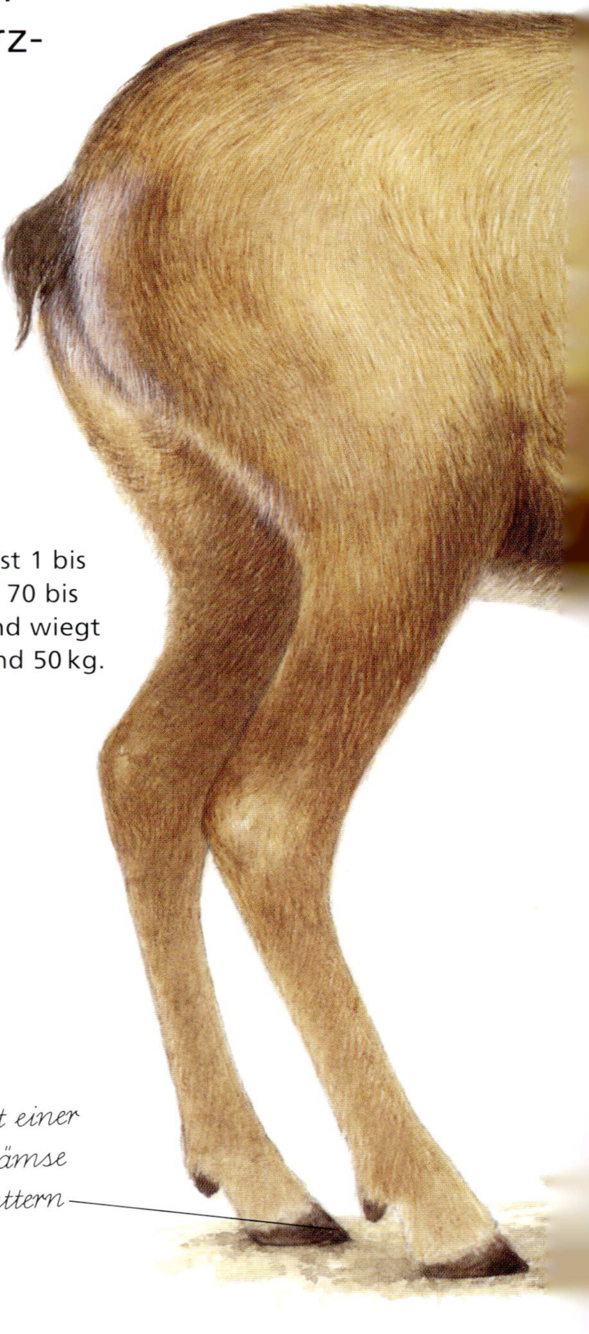

Die beiden Zehen an jeder Klaue sind mit einer Haut verbunden. Dadurch versinkt die Gämse nicht so tief im Schnee und hat beim Klettern auf den Felsen mehr Halt.

Männchen und Weibchen tragen ein Gehörn mit haken-artigen Spitzen.

Fellwechsel

Im Sommer ist das Fell der Gämse rötlich braun. Im Winter wird es schwarzbraun mit cremefarbenen Flecken. Dieses »Winterkleid« ist schön dick und warm.

Gämsen leben in gut organisierten Rudeln. Wenn der Weg schwierig wird, geht ein Tier voraus. Erst wenn die anderen sehen, dass der Weg sicher ist, folgen sie.

Weibchen und Jungtiere leben in kleinen Rudeln zusammen. Im Oktober und November, der Brunftzeit, gesellen sich Männchen dazu.

Die Geier

In der Vergangenheit hatten die Menschen alle Geier aus den Gebirgen Europas vertrieben und die Vögel hatten sich andere Lebensräume gesucht. Dank strenger Schutzprogramme und Auswilderungen kreisen sie heute wieder über den Alpen, den Pyrenäen und den Cevennen.

Die Jungvögel sind einheitlich braun befiedert.

Gänsegeier wiegen etwa 7 kg. Das Weibchen legt ein einziges Ei, das von beiden Eltern 50 Tage lang bebrütet wird.

Der Schmutzgeier

Er ist ein Zugvogel und verbringt den Sommer bei uns. Im Winter fliegt er nach Afrika, der Sonne entgegen. Der kleinste aller europäischen Geier wird kaum 70 cm groß und erreicht höchstens eine Spannweite von 1,60 m. Er lebt paarweise, aber nicht in großen Gruppen.

Der Gänsegeier

Diese ziemlich verbreiteten Vögel leben in Kolonien an Steilwänden. Sie erreichen eine Spannweite von über 2,50 m und wirken im Flug sehr majestätisch. Am Boden dagegen bewegen sie sich eher watschelnd fort. Der lange Hals ist nackt. Dadurch bleibt nicht so viel daran hängen, wenn der Geier tief im Aas wühlt.

rot gerändertes Auge
Kinnbart aus Federn, zu beiden Seiten des Schnabels

Der Mönchsgeier kann auf der Suche nach Nahrung mehrere Stunden lang in der Luft kreisen.

Mit dem kräftigen, gebogenen Schnabel trennt er die Haut der Kadaver auf und reißt Stücke aus dem Aas.

Der Bartgeier

Er lebt in den Alpen und den Pyrenäen. Der Bartgeier ist wie alle Geier ein Aasfresser, liebt aber besonders das Knochenmark. Um die Knochen zu brechen, lässt er sie aus großer Höhe auf Felsen fallen. Dann landet er bei den Bruchstücken und verzehrt genüsslich das Mark.

Der Mönchsgeier

Diese Geierart lebt in unzugänglichen Gebirgsgegenden Südeuropas und ist noch größer als der Gänsegeier: Die Spannweite der Flügel beträgt bis zu 3 m. Mönchsgeier leben alleine oder paarweise und nisten in hohen Baumkronen. Wenn irgendwo Aas liegt, gesellen sie sich beim Fressen auch zu Geiern anderer Art.

Die Tischordnung

Die Geier fliegen in einer bestimmten Reihenfolge zu einem Tierkadaver. Die Schmutzgeier achten darauf, ob Raben irgendwo etwas gefunden haben, und laden sich zum »Festmahl« ein. Diese Versammlung weckt die Aufmerksamkeit der Gänsegeier. Nach ihnen kommen die Mönchsgeier, denn es gibt nur wenige von ihnen und sie leben nicht sehr gesellig. Da die Bartgeier es besonders auf die Knochen abgesehen haben, lassen sie sich Zeit. Auch wenn sie erst nach allen anderen kommen, bleibt ihre Lieblingsspeise trotzdem übrig.

Die Giraffe

Betrachtet man die Körperhöhe, dann ist die Giraffe das größte aller Landtiere. Männchen werden 5,50 m groß, Weibchen 4,50 m. Giraffen leben gewöhnlich in kleinen Gruppen von fünf oder sechs Tieren, die von einem erfahrenen Weibchen angeführt werden. Viele Männchen sind Einzelgänger. In der Regenzeit finden sie sich manchmal zu größeren Herden zusammen.

Ihre Hufe sind gespalten.

Giraffen haben einen ganz besonderen Gang: Sie bewegen gleichzeitig die zwei Beine auf einer Seite; das nennt man Passgang. Sie laufen bis zu 50 km/h schnell.

Jede Giraffe ist anders gezeichnet als ihre Artgenossen; deshalb kann man alle Tiere einer Gruppe gut voneinander unterscheiden.

Giraffen sind nicht stumm!

Sie grunzen, brüllen und schnarchen; die Laute klingen heiser und dumpf. Junge Giraffen rufen mit klagenden, hohen Schreien nach der abwesenden Mutter.

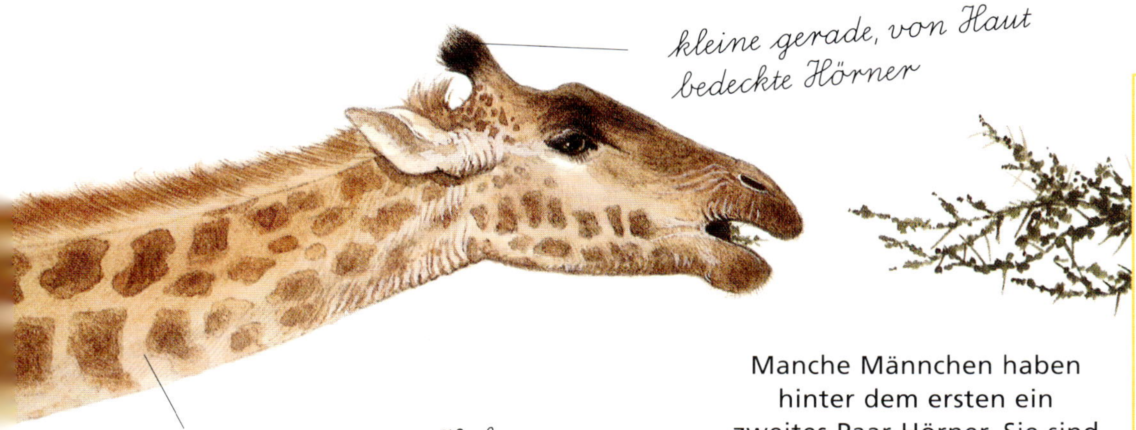
kleine gerade, von Haut bedeckte Hörner
Der lange, bewegliche Hals besteht nur aus sechs Wirbeln.

Manche Männchen haben hinter dem ersten ein zweites Paar Hörner. Sie sind kürzer und dicker.

Sturz ins Leben!

Giraffen gebären ihre Kälber im Stehen. Die junge Giraffe fällt aus 2 m Höhe auf den Boden. Dabei wiegt sie schon 50 kg. Im Laufe der ersten halben Stunde steht sie auf und trinkt zum ersten Mal bei der Mutter. Danach ruht sie sich eine Weile aus. Mit 15 Tagen beginnt sie Blätter zu fressen, trotzdem wird sie zusätzlich ein Jahr lang von der Mutter gesäugt.

Kämpfe zwischen Männchen kommen häufig vor. Sie schwenken Kopf und Hals von einer Seite auf die andere und schlagen mit Stirn und Hörnern aufeinander ein, bis der Unterlegene flieht. Solche Kämpfe nennt man Rivalenkämpfe.

Giraffen ernähren sich überwiegend von Laub, das sie mit ihrer langen, dunklen Zunge behutsam von dornigen Ästen pflücken. Jeden Tag nimmt eine Giraffe mehr als 50 kg Nahrung zu sich: außer Blättern auch Knospen, Rinde, Blüten und verschiedene Früchte.

Komische Haltung

Ihr langer Hals zwingt die Giraffe, beim Trinken eine eigenartige Stellung einzunehmen: Sie spreizt die Vorderbeine weit auseinander und beugt die Knie. Ihre Tagesration von 15 l trinkt sie auf einmal.

Der Grünspecht

Er ist ein bunter Vogel mit seinem grünen Rücken, seinem roten Hinterkopf und seinem gelben Bürzel .

Der Grünspecht ist ein geschickter Kletterer. Mit seinen spitzen Krallen bewegt er sich schnell an den Baumstämmen hoch. Mit dem kurzen, steifen Schwanz kann er sich an der Rinde abstützen. Am Boden ist der Grünspecht dagegen sehr unbeholfen.

Wie schade, dass dieser schöne Vogel so scheu ist. Wenn er sich beobachtet fühlt, verschwindet er hinter einem Baum oder fliegt mit einem Ruf davon, der wie ein helles Lachen klingt.

Grünspechte hämmern in gesunde Bäume jeweils zwei Höhlen: eine für das Gelege und eine für sich.

Mit seiner langen, klebrigen Zunge holt der Grünspecht Insekten hervor, die sich in der Baumrinde verstecken. Sein Futter sucht er jedoch vorwiegend am Boden. Er ernährt sich von Spinnen, Ameisen, Regenwürmern und Nacktschnecken.

Verwandte

Der Buntspecht ist die bekannteste und verbreitetste aller Spechtarten. Mit seinem schwarzweißen Gefieder und je einem großen, roten Fleck auf Kopf und Bürzel ist er leicht zu erkennen. Sein Hämmern ist sehr laut und schnell und klingt sehr energisch. Auf diese Weise klopft er Rinde vom Baum ab, unter der er Larven vermutet. Außerdem verkündet sein Klopfen: »Hier ist mein Revier!«

42 Die Haie

Der Blauhai ist ein Bewohner des offenen Meers, der sich nur selten den Küsten nähert. Auf der Suche nach Nahrung ist dieser unermüdliche Schwimmer ständig unterwegs.

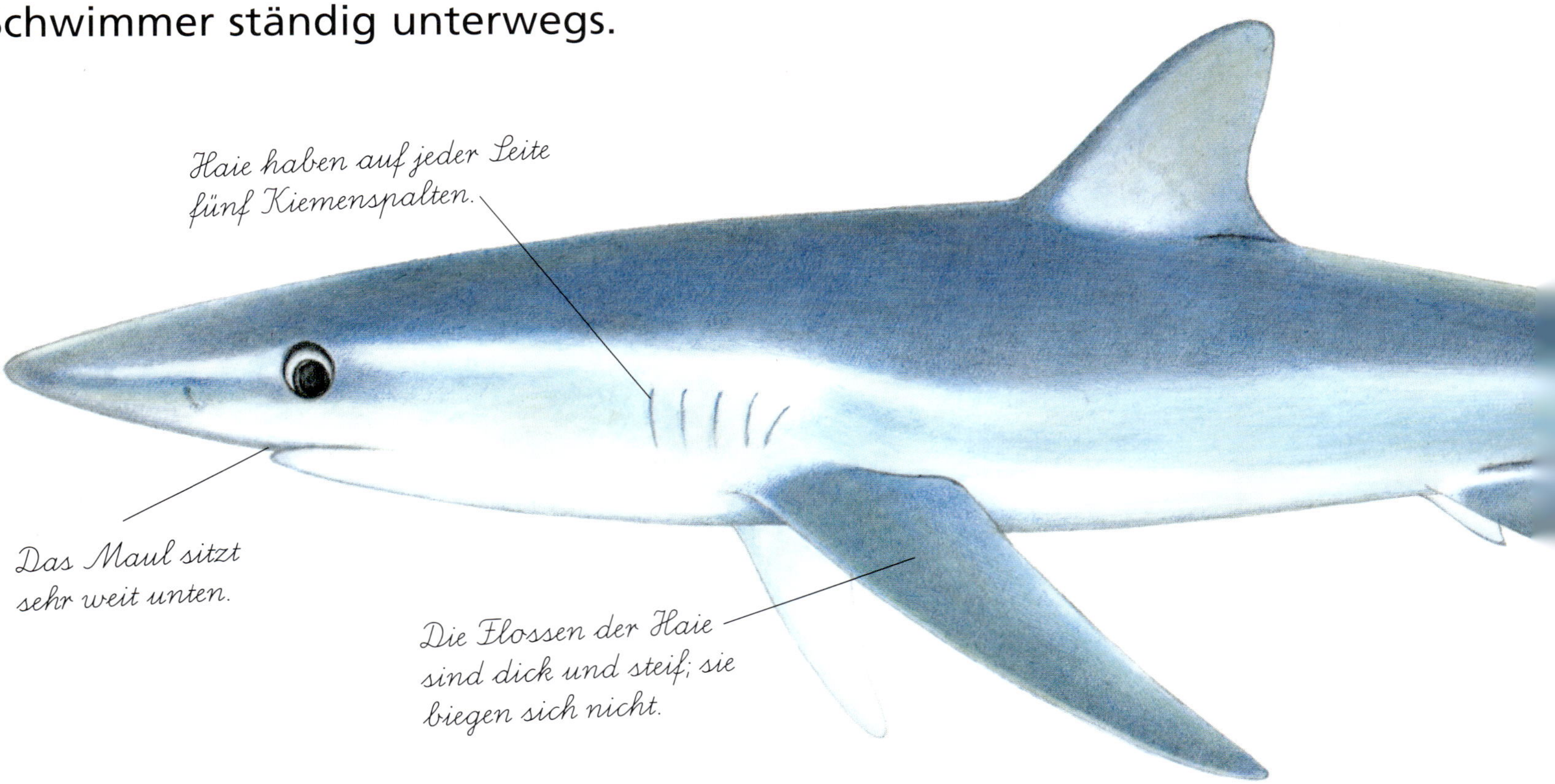

Haie haben auf jeder Seite fünf Kiemenspalten.
Das Maul sitzt sehr weit unten.
Die Flossen der Haie sind dick und steif; sie biegen sich nicht.

Friedlicher Riese

Der Riesenhai ist der zweitgrößte Fisch der Welt. Er kann so lang werden wie ein Autobus. Obwohl er Menschen am Stück verschlingen könnte, ist er vollkommen ungefährlich: Er ernährt sich ausschließlich von dem Plankton, das beim Atmen an Fortsätzen seiner Kiemenbögen hängen bleibt.

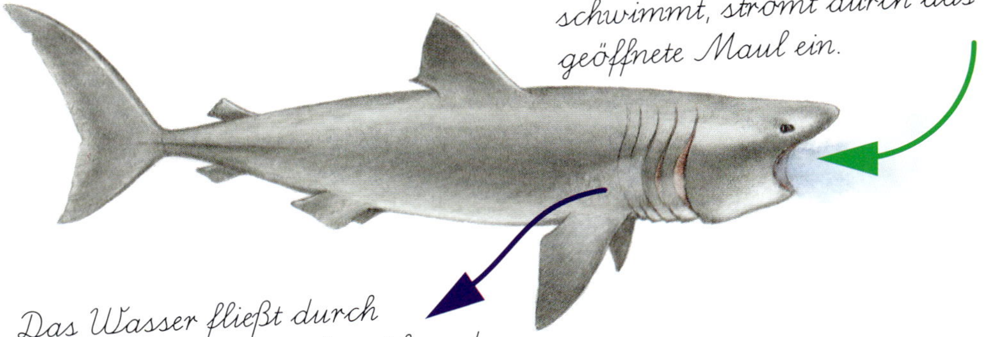

Das Wasser, in dem Plankton schwimmt, strömt durch das geöffnete Maul ein.
Das Wasser fließt durch die Kiemenspalten ab, während das Plankton im Maul bleibt.

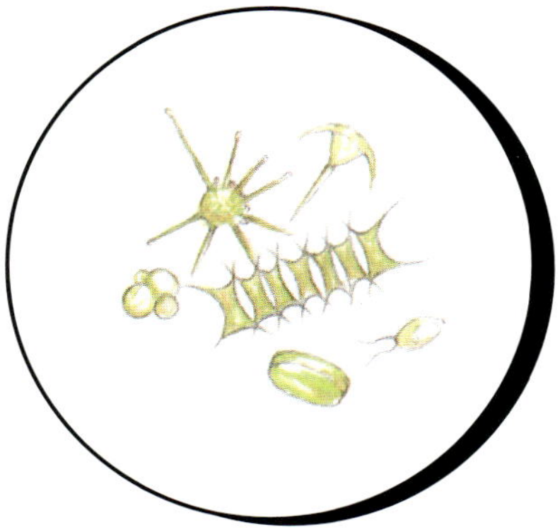

Die Algen, aus denen das pflanzliche Plankton besteht, sind so klein, dass sie mit bloßem Auge nicht erkennbar sind.

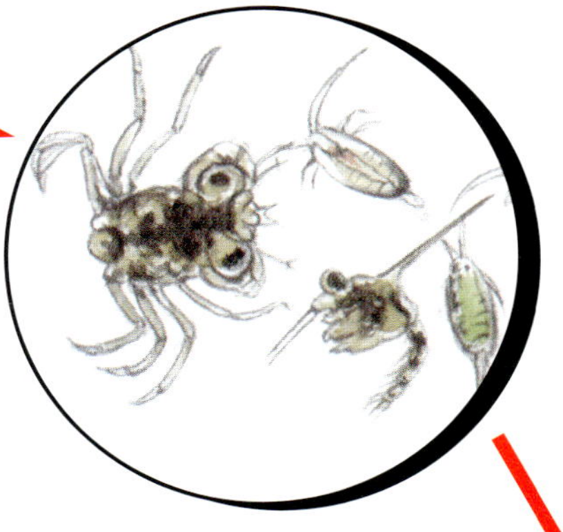

Winzige Tiere, die man nur mithilfe einer Lupe sehen kann, sind Bestandteile des tierischen Planktons.

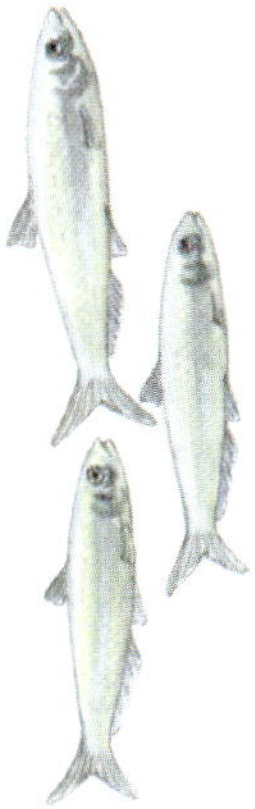

Sardinen lieben die kleinen Krebstierchen, die Teil des Planktons sind.

Der Pfeil → bedeutet: »wird gefressen von«.

Makrelen verfolgen unermüdlich die Schwärme der Sardinen, von denen sie sich ernähren.

Mit seinem stromlinienförmigen Körper ist der Thunfisch ein schneller Schwimmer und ein guter Jäger.

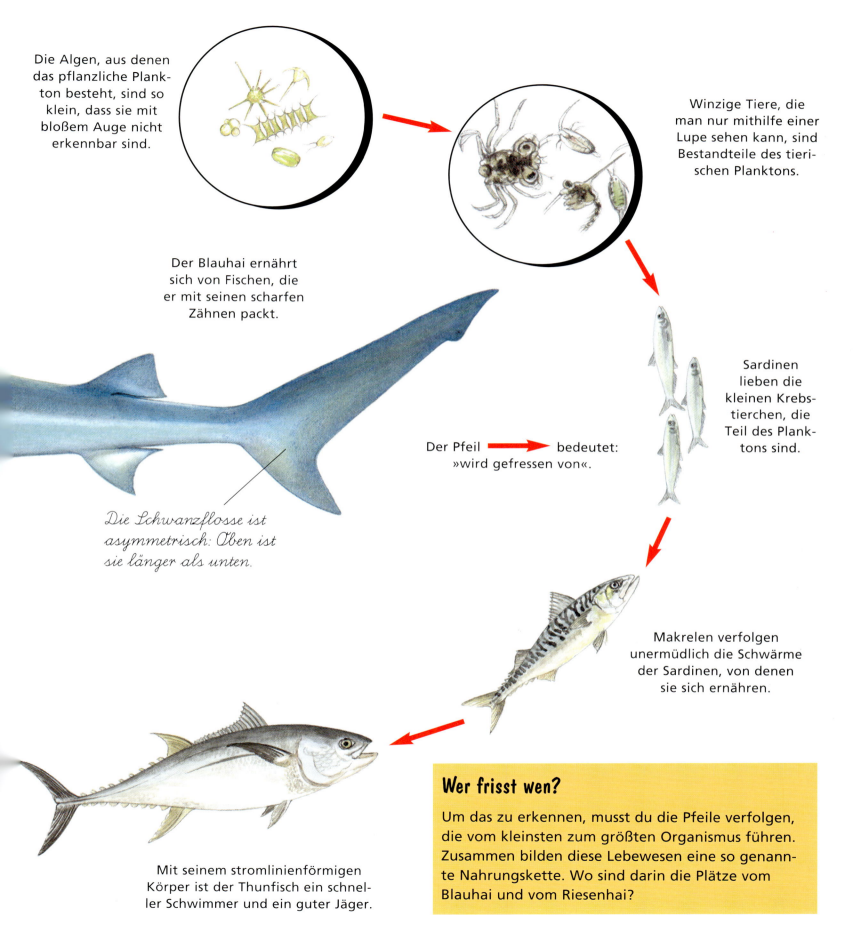

Der Blauhai ernährt sich von Fischen, die er mit seinen scharfen Zähnen packt.

Die Schwanzflosse ist asymmetrisch: Oben ist sie länger als unten.

Wer frisst wen?

Um das zu erkennen, musst du die Pfeile verfolgen, die vom kleinsten zum größten Organismus führen. Zusammen bilden diese Lebewesen eine so genannte Nahrungskette. Wo sind darin die Plätze vom Blauhai und vom Riesenhai?

44 Die Henne

Die Menschen halten Hühner wegen ihrer Eier oder ihres Fleisches. In manchen Zuchtbetrieben leben die Hühner eng beisammen in geschlossenen Ställen. Auf vielen Bauernhöfen dürfen sie aber zusammen mit anderem Geflügel frei herumlaufen.

Unter den bunten Deckfedern wachsen wärmende Flaumfedern.

Hühner kauen ihr Futter nicht. Sie picken zusammen mit den Körnern kleine Steinchen auf; diese zerreiben die Nahrung im Magen.

Auf der Suche nach Essbarem kratzt das Huhn mit seinen Krallen den Boden auf.

Hühner können nicht gut fliegen, ihre Flügel sind für den schweren Körper zu klein.

Wenn das Huhn schnell läuft, spreizt es die Flügel.

Mit dem Schnabel säubert es die Federn und glättet sie.

Ihre Eier brütet die Henne im Stroh aus.

Sie wälzt sich mit aufgestellten Federn im Sand, um Flöhe und Milben loszuwerden.

Der Hahn

Das männliche Huhn heißt Hahn. Er ist größer und bunter als die Henne. Hähne sind ziemlich streitsüchtig und kämpfen gerne miteinander.

Kamm und Kehllappen sind beim Hahn größer als bei der Henne.

kleine runde Augen
Diese Kralle, der Sporn, ist eine gefährliche Waffe. Beim Kampf können sich Hähne damit gegenseitig töten.

Auch der Hahn kann nicht gut fliegen.

Der Hahn reckt stolz den Kopf hoch, plustert sich auf und spreizt die Schwanzfedern.

An jedem Fuß befinden sich vier Zehen.

Der Hahnenschrei

Der Hahn reckt den Hals und kräht: »Kikeriki!«

46

Der Hirsch

Hirsche leben in allen großen europäischen Wäldern. Heute gibt es wieder viele von ihnen, aber vor einigen Jahren waren sie durch die Jagd beinahe ausgestorben. Die erwachsenen männlichen Tiere sind Einzelgänger. In der Brunftzeit werben sie um die Hirschkühe.

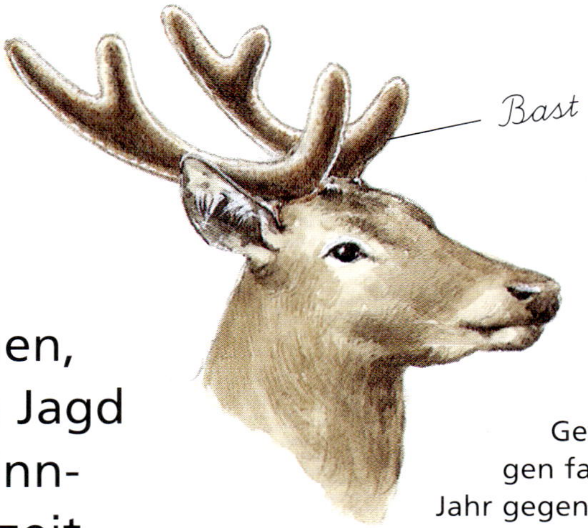

Die Geweihstangen fallen jedes Jahr gegen Ende des Winters ab. Das nachwachsende neue Geweih ist mit einer samtigen Haut bedeckt, dem Bast.

In der Paarungszeit erkämpfen sich die Hirsche möglichst viele Weibchen. Nachdem er alle Hirschkühe seines Rudels befruchtet hat, geht der Hirsch wieder eigene Wege.

In der Brunftzeit im Herbst kann man die Hirsche »röhren« hören.

Das Hirschgeweih

Die Form der Stangen verrät das Alter des Hirsches. Kranke Tiere können sehr eigenartig geformte Geweihe haben. Ab dem achten oder zehnten Lebensjahr wird das Geweih mit jedem Jahr kleiner.

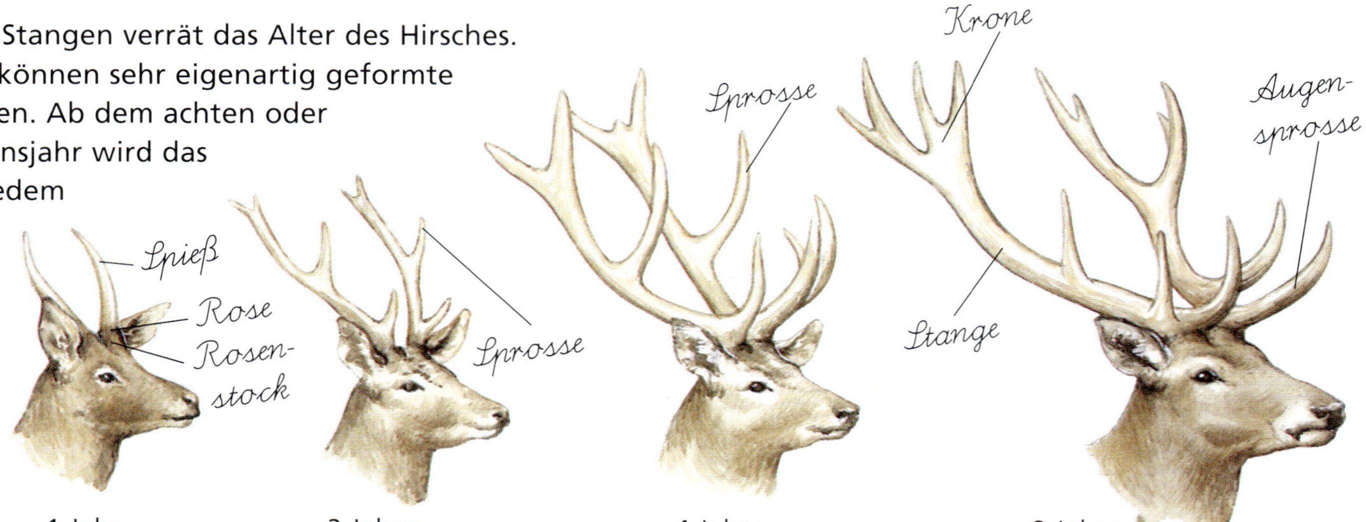

Die Hirschkuh

Hirschkühe leben in kleinen Rudeln, die von einem älteren, erfahrenen Weibchen angeführt werden. Nur junge Männchen dürfen im Rudel bleiben.

Fette Sommer, magere Winter

Im Frühling naschen Hirsche zarte Blattknospen und junges Gras. In harten Wintern ist die Rinde der Bäume ihre Hauptnahrung.

Die großen, beweglichen Ohren fangen die vielen Geräusche des Waldes ein.
Das hellbraune Fell des Hirschkalbs ist weiß gefleckt. In den ersten Tagen seines Lebens versteckt es sich im Gras.
Die Hirschkuh trägt kein Geweih.

48

Der Hyänenhund

Nach der Geburt der Jungen bleibt das Rudel drei Monate lang an einem Ort, um abzuwarten, bis die Kleinen mit auf die Wanderschaft gehen können. Dann verlässt das Rudel, dem durchschnittlich 15 Tiere angehören, die Umgebung des Baus.

Bei jedem Tier fällt die Fellzeichnung anders aus. Die Hyänenhunde erkennen einander an Farbe und Form der Flecken und können schon von weitem sehen, ob ein Tier zu ihrem Rudel gehört oder nicht.

Der untere Teil des Schwanzes ist weiß.
vier Zehen an jeder Pfote

Ausgelassene Jungen

Die Welpen verlassen im Alter von 15 Tagen den Bau. Sie spielen und balgen sich ständig, um aneinander ihre Kräfte zu messen; das ganze Rudel passt auf sie auf. Ihre Mütter säugen sie zwei Monate lang, aber von der sechsten Woche an fressen sie auch Fleisch, das ihnen die Erwachsenen vorkauen und auswürgen.

Hyänenhunde sind vom Aussterben bedroht. Ihre schlimmsten Feinde sind die Menschen, die sie unerbittlich jagen, und die Hyänen, die ihre Jungen töten und die erwachsenen Hyänenhunde von ihrer Beute vertreiben.

Die großen, oben abgerundeten Ohren sind 10 bis 12 cm lang.

Hyänenhunde jagen in Rudeln. Anführer ist ein starkes Männchen. Wenn sie sich an ihre Beute heranschleichen, strecken sie den Hals aus, senken den Kopf und verstecken sich im hohen Gras.

Die ausdauernden Jäger halten bei der Verfolgung ihrer Opfer auch auf langen Strecken Geschwindigkeiten um 45 km/h durch.

Badefreuden

Der Bau ist immer in der Nähe von Wasser, denn Wasser ist für Hyänenhunde unentbehrlich. Sie trinken es nicht nur, sondern nehmen auch gerne ein Bad und wälzen sich im Schlamm, um Fellparasiten loszuwerden und sich vor Insekten zu schützen.

Gazellen und Gnus sind die bevorzugte Beute der Hyänenhunde. Sobald das Tier am Boden liegt, macht sich das Rudel darüber her und frisst die Beute an Ort und Stelle auf.

50 Der Igel

Der Igel durchstreift nachts auf der Suche nach Nahrung Gärten und Wiesen. Jede Nacht frisst er sehr viele Schnecken und Insekten. Die Gärtner schätzen ihn, weil er viele Schädlinge vertilgt und das Gemüse im Garten nicht anrührt. Im Oktober baut er sich ein warmes, geschütztes Blätternest, in dem er seinen Winterschlaf bis März hält.

Igel sind bei der Geburt nackt, rosig und blind. Sie wiegen nur 20 g. Sie kommen bereits mit einem Stachelkleid zur Welt, das aber noch weich ist. Im Alter von zwei Wochen öffnen sie zum ersten Mal die Augen.

Jeder Igel hat ungefähr 6000 Stacheln. Sie fallen aus und wachsen nach, genau wie Haare.

Auf einem einzigen Igel leben
an die hundert Flöhe.

Die Igelmutter zieht ihre Jungen alleine auf. Die Igeljungen begleiten ihre Mutter auf deren Streifzügen und lernen durch Beobachten, wie man Futter findet. Nach zwei Monaten kommen sie bereits alleine zurecht.

Das Fell am Bauch
ist graubraun.

Der gefährlichste Feind der Igel ist das Auto. Jedes Jahr werden auf unseren Straßen Tausende von Igeln überfahren.

Der Igel besitzt nur eine Möglichkeit, sich bei Gefahr zu verteidigen: Er rollt sich zu einer Kugel zusammen. In dieser Haltung kann man weder seinen Kopf noch seinen Bauch sehen. Er kann über eine Stunde so verharren. Der Fuchs lässt ihn in Ruhe, weil ihm seine Stacheln zu spitz sind.

52 Der Kaffernbüffel

Kaffernbüffel leben in Herden von einigen Dutzend bis hin zu Hunderten von Tieren. Geführt werden sie von einem älteren Weibchen. Von Sonnenuntergang bis -aufgang nimmt jedes Tier etwa 15 kg Gras und Wasserpflanzen zu sich. In den heißen Stunden des Tages ruhen sie sich im Schatten aus und käuen wieder.

Kopf an Kopf

Bei Kämpfen stehen sich die Rivalen gegenüber. Ihre Hufe zertrampeln den Boden. Mit den Hörnern reißen sie Grasbüschel aus und werfen sie in die Luft. Dann wieder schaukelt ihr schwerer Kopf von links nach rechts. Plötzlich rasen die Tiere aufeinander zu und prallen gegeneinander. Der Unterlegene zieht sich meist schwer verletzt zurück.

Nach elf Monaten Tragzeit entfernt sich das Weibchen von der Herde, um zu kalben. Etwa zehn Minuten nach der Geburt steht das Kalb auf. Nach einer Stunde kann es der Mutter in die Herde folgen.

Die Hörner sind über der Stirn zusammengewachsen; mit diesem Teil des Kopfes, der von dem Horn geschützt wird, schlagen die Bullen gegen den Kopf des Gegners. Bei der Kuh sind die Hörner kleiner.

Tagsüber quälen Fliegen und Mücken die Kaffernbüffel. Um sich vor ihnen zu schützen, verbringen die Tiere Stunden im schlammigen Wasser. Wenn sie herauskommen, trocknet der Schlamm und bildet eine schützende Kruste.

Kaffernbüffel brauchen täglich 30 l Wasser. Da Wasser in der Trockenzeit in der Savanne sehr knapp ist, sind sie in dieser Jahreszeit ständig auf der Suche danach. Wenn die Herde eine Wasserstelle gefunden hat, verjagt sie alle anderen Tiere, die sich dort in dem Moment aufhalten.

Die pelzigen Ohren sitzen unterhalb der Hörner.

Das Fell ist schwarz bis rotbraun.

Kampf ums Überleben

Eine Herde Büffel hat vor nichts Angst und lässt sich durch nichts aufhalten. Ein einzelnes Tier aber kann trotz seiner Stärke und seines Muts gegen ein Rudel Löwinnen nichts ausrichten.

54 Die Kegelrobbe

An unseren Küsten kann man zwei Arten von Robben finden: die Kegelrobbe, die Felsküsten bevorzugt, und den Seehund, der sich am liebsten auf Sandstränden ausruht.

Kegelrobben haben keine Ohrmuscheln; von außen ist nur ein kleines Loch sichtbar.
Ihre flossenförmigen Vorderbeine haben Krallen.
Die jungen Kegelrobben werden mit einem seidigen, weichen Flaum geboren, der schön dicht ist und
wärmt. Nach zwei bis vier Woche
wächst ihnen dann ihr richtiges

Lederschildkröte

Es gibt mehrere Arten von Meeresschildkröten. Die Lederschildkröte ist die größte Schildkröte der Welt. Sie kann bis zu 600 kg wiegen. Ihr Panzer besteht nicht aus harten Platten, sondern aus einer sehr dicken lederartigen Haut.

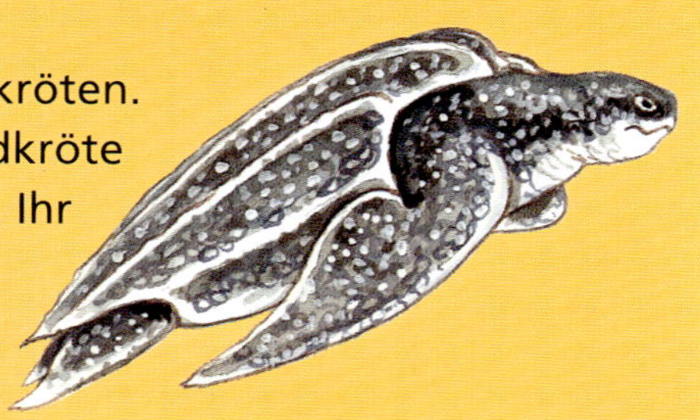

Gewichtige Verwandte

Das Walross lebt im hohen Norden. Zwei seiner Zähne entwickeln sich zu langen Stoßzähnen, mit deren Hilfe es sich aus dem Wasser ziehen und kämpfen kann. Das Walross ernährt sich hauptsächlich von Muscheln.

Anders als Robben können die Seelöwen an Land mit ihren Flossen schnell laufen. Außerdem haben sie kleine Ohrmuscheln.

Die hinteren Flossen haben Schwimmhäute.

An Land bewegt sich die Kegelrobbe mühsam und schwerfällig vorwärts. Im Wasser ist sie ausdauernd und sehr wendig.

Beim Schwimmen legt die Robbe ihre hinteren Flossen zusammen und breitet sie fächerartig aus, sodass sie wie ein Fischschwanz aussehen. Die hinteren Flossen dienen als Antrieb, mit den vorderen steuert die Robbe.

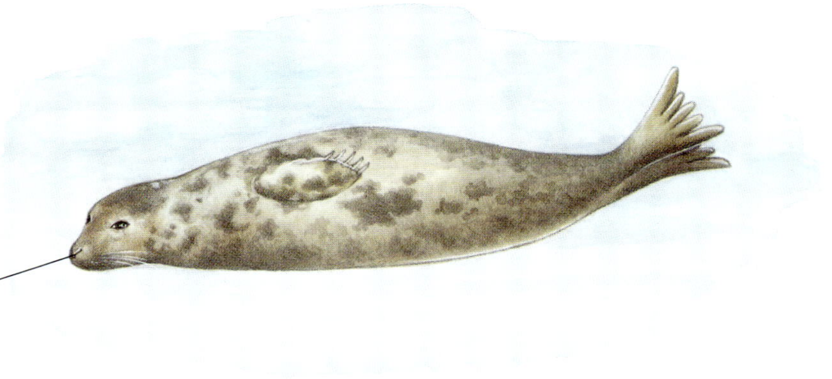

Taucht die Robbe, verschließen sich ihre Nasenlöcher automatisch.

56 Der Kolkrabe

Mit etwa 65 cm Körperlänge ist er der größte Singvogel. Kolkraben leben alleine oder zu zweit. Im Winter, besonders abends, versammeln sich die Raben auch in größeren Gruppen und machen dann viel Lärm.
Sie fressen alles: Aas, Samen, Obst, Insekten, kleine Nager, Vögel, Fische ...

Raben haben viele Lieblingsspeisen. In der Zeit der Aussaat oder der Ernte picken sie auf den Feldern gerne Samen und Körner auf.

Die Spannweite der Schwingen beträgt bis zu 1,30 m.

Im Flug bilden die Flügelspitzen eine runde Form.

Raben nisten auch an Felswänden und Klippen. Sind Müllkippen in der Nähe, holen sie sich sogar hier ihre Nahrung.

Akrobaten der Lüfte

Alle Rabenvögel sind die reinsten Kunstflieger. Sie drehen in der Luft Pirouetten und können sogar auf dem Rücken fliegen.

Die Alpenkrähe lebt im Hochgebirge, kommt jedoch in Deutschland kaum noch vor. In kleinen Schwärmen macht sie sich in den Tälern über die reifen Feldfrüchte her. Ihr Erkennungszeichen ist der gebogene rote Schnabel.

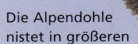

Die Alpendohle nistet in größeren Gruppen in den Spalten und Höhlen steiler Felswände. Im Winter kommt sie auf der Nahrungssuche auch in die Dörfer und zu den Skiliften. Die Spannweite ihrer Schwingen beträgt knapp 80 cm. Dank ihres gelben Schnabels ist sie unverwechselbar.

Der Krake

Der Krake gehört zur Gruppe der Weichtiere. Kraken haben keine Knochen, dafür aber kräftige Muskeln. Ihr Körper scheint nur aus Fangarmen zu bestehen, an deren Unterseiten Saugnäpfe sitzen.

Tolle Arme!

Gemeine Kraken haben acht starke, sehr bewegliche Arme, auch Fangtentakel genannt, Kalmare dagegen haben zehn.

Die Augen des Kraken sind hoch entwickelt: Er sieht dich ebenso gut, wie du ihn siehst.

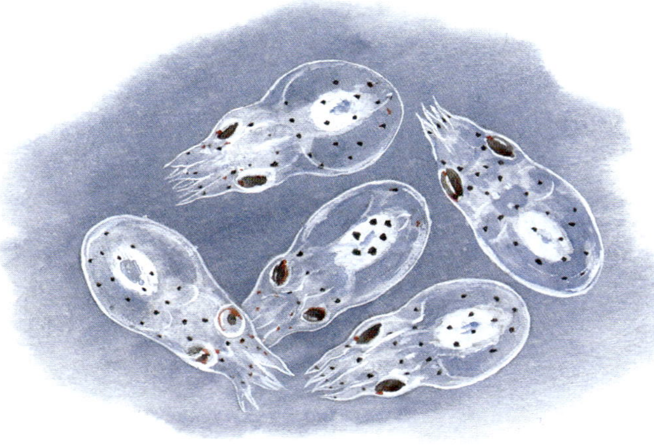

Die jungen Kraken leben zunächst im offenen Meer. Weil sie durchsichtig sind, sind sie nur schwer zu sehen – und zu fangen.

Der weibliche Krake kümmert sich um seine Eier, die wie Reiskörner aussehen. Er legt sehr viele auf einmal: Es können bis zu einer halben Million sein!

Dieser Körpersack kann mit Wasser gefüllt werden. Er enthält die Kiemen, mit denen der Krake atmet. Außerdem befindet sich hier eine Drüse, die Tinte erzeugt. Wenn der Krake sich bedroht fühlt, spritzt er die Tinte ins Wasser.

Die Saugnäpfe sitzen paarweise auf den Armen. Kraken haben ungefähr 1500 davon!

Der Krake, ein Kopffüßer, gehört mit Schnecken und Muscheln zu den Weichtieren. Er hat keine Schale.

Andere Kopffüßer

Hier ein paar Verwandte des Kraken; auch sie haben Arme oder Tentakel.

Der Tintenfisch schwimmt nahe am Meeresboden. Er hat einen Schulp, eine Art Kalkschale, die unter der Haut sitzt.

Das Perlboot ist so etwas wie ein lebendes Fossil: seit 300 Millionen Jahren hat sich diese Art nicht verändert. Als einzige Kopffüßer haben diese Tiere ihre äußere Schale behalten.

Kalmare leben im offenen Wasser, fern vom Meeresboden; zur Eiablage nähern sie sich den Küsten.

Meister der Verwandlung

Ein Krake kann augenblicklich die Farbe und das Muster seiner Haut verändern: Er kann blitzschnell aussehen, als habe er sich mit Algen bedeckt.

60 Der Kuckuck

Wenn man im März im Wald spazieren geht und plötzlich jemand »Kuckuck, kuckuck!« ruft, dann ist es wahrscheinlich kein Spaßvogel, sondern der echte Vogel, der seinen eigenen Namen ruft. Der Kuckuck ist groß und grau gefiedert. Wenn man seinen Schrei hört, weiß man, dass der Frühling kommt. Etwas später im Jahr ruft er damit seine Gefährtin.

Der Kuckuck ist ein Zugvogel. In Gesellschaft mehrerer Artgenossen fliegt er ab September nach Afrika.

Seine Füße sind auffällig: Zwei Zehen sind nach vorne gerichtet, zwei nach hinten.

Die Schwanzfedern tragen beim Männchen weiße Flecken.

Die meisten Kuckucke sind grau, es gibt aber auch braun gefiederte Weibchen.

Wenn er um ein Weibchen wirbt, spreizt der männliche Kuckuck die Flügel nach unten und richtet die Schwanzfedern auf wie einen Fächer.

Ein Eindringling

Kuckucke ziehen ihre Jungen nicht selbst auf. Das Weibchen legt ihr Ei in das Nest eines anderen Vogels und fliegt davon.

Das Kuckucksei sieht fast genauso aus wie die Eier seines Wirts, aber das Küken darin wächst schneller.

Sobald der kleine Kuckuck geschlüpft ist, schiebt er die anderen Eier aus dem Nest heraus.

Seine Pflegeeltern sind kleine Singvögel. Sie fliegen täglich viele Male, um ein ewig hungriges Küken satt zu bekommen, das größer ist als sie.

62

Die Kuh

Kühe gehören zur Familie der Rinder und leben in Herden. Die Menschen halten sie wegen ihres Fleisches und wegen der Milch. Das männliche Tier nennt man Stier. Ochsen sind kastrierte Stiere; sie wachsen schneller.

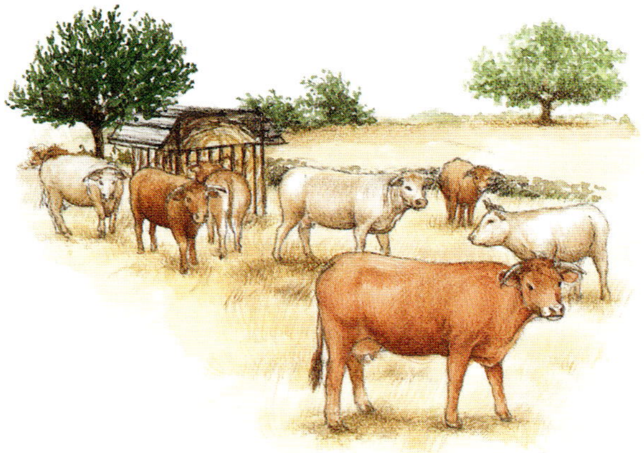

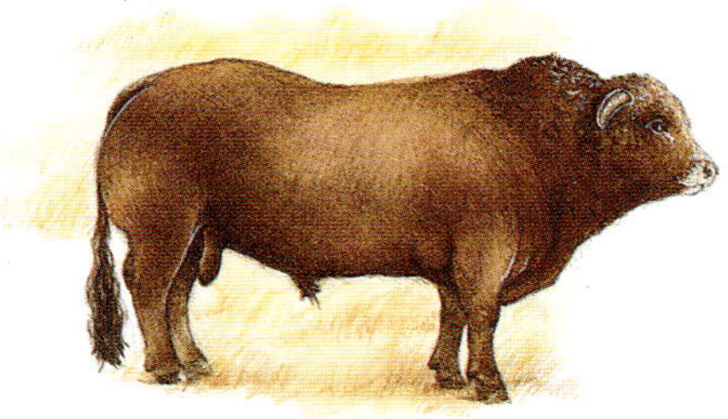

Stiere sind größer und stärker als Kühe, sie haben auch längere Hörner. Ochsen werden wegen des Fleisches, Stiere für die Zucht gehalten.

Der Schwanz ist sehr beweglich. Mit ihm kann die Kuh Fliegen vertreiben.

Die Milch wird im Euter gebildet.
Sie kommt aus den vier Zitzen heraus.

Die Milch

Um Milch geben zu können, muss die Kuh ein Kalb bekommen haben. Wenn das Kalb keine Muttermilch mehr bekommt und man die Kuh weiter melkt, gibt sie das ganze Jahr über Milch. Man kann die Milch trinken oder daraus Butter, Käse oder Jogurt machen.

Bei den meisten Rassen haben Kühe und Stiere Hörner. Oft entfernt man sie bei den Jungtieren um Verletzungen zu vermeiden.

Beim Weiden wickelt die Kuh ihre lange Zunge um ein Grasbüschel und reißt es ab.

Wenn die Kuh genug frisches Gras gefressen hat, legt sie sich hin und käut wieder. Dabei kommt das hinuntergeschluckte Gras wieder in ihr Maul hoch. Sie kaut es ein zweites Mal, um es besser zu verdauen.

Die Hufe sind aus Horn und gespalten. Im weichen Boden kann man ihre Spur leicht erkennen.

Verschiedene Arten

Es gibt sehr viele unterschiedliche Rinderrassen. Sie werden zu bestimmten Zwecken oder für eine bestimmte Umgebung gezüchtet. Man unterscheidet zwischen Fleisch- und Milchrassen. Manche Kühe fühlen sich in den Bergen wohler, andere im Flachland.

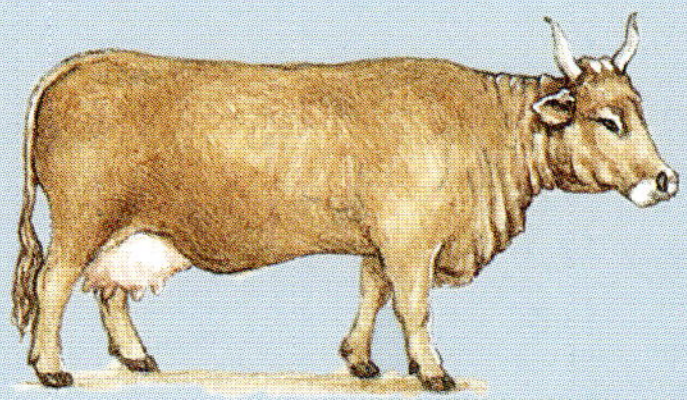

Braunvieh

Jersey-Rind

Deutsche Schwarzbunte

Fleckvieh

64 Der Löwe

Der König der Tiere verbringt viel Zeit damit, sich im Schatten auszuruhen oder zu schlafen. Er lässt die Löwinnen jagen und nutzt seine Kraft und seine Größe, um als erster von der Beute zu fressen. Sein Gebrüll ist beeindruckend. Man hört es über 5 km weit. Damit zeigt er, dass er der Herrscher des Reviers ist.

Das Recht des Stärkeren

Innerhalb eines Rudels wird nur selten gekämpft. Doch in der Nähe der Gruppe halten sich ständig Männchen auf, die alleine oder in Horden von zwei oder drei Tieren leben. Sie warten darauf, dass die Anführer des Rudels Schwächen zeigen, um sie anzugreifen und ihren Platz einzunehmen. Die grausamen Kämpfe enden oft mit dem Tod eines Tieres.

Jungen Löwen wächst ihre Mähne erst im Alter von 2 Jahren. Bei 4- bis 5-jährigen Löwen ist sie voll ausgebildet.

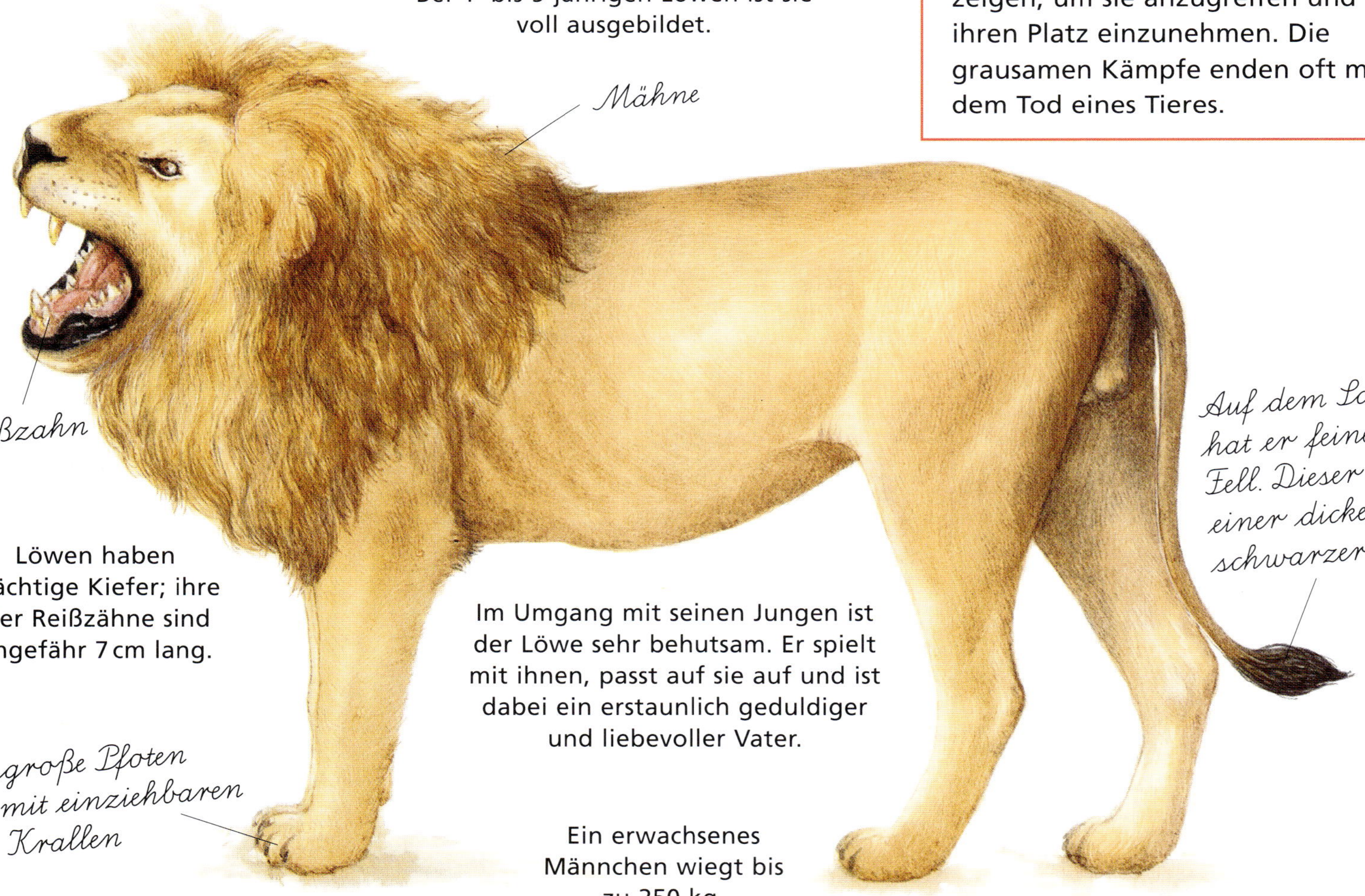
Mähne
Reißzahn
Auf dem Schwanz hat er feines, kurz Fell. Dieser endet i einer dicken Quas schwarzer Haare.
große Pfoten mit einziehbaren Krallen

Löwen haben mächtige Kiefer; ihre vier Reißzähne sind ungefähr 7 cm lang.

Im Umgang mit seinen Jungen ist der Löwe sehr behutsam. Er spielt mit ihnen, passt auf sie auf und ist dabei ein erstaunlich geduldiger und liebevoller Vater.

Ein erwachsenes Männchen wiegt bis zu 250 kg.

Die Löwin

Die jungen Löwen

Nach einer Tragzeit von ungefähr hundert Tagen bringt die Löwin an einem geschützten Ort vier bis fünf Junge zur Welt, die sie stillt, bis sie sechs Monate alt sind.

In einem Rudel werden alle Jungen gleichzeitig geboren. So gibt es dann ein Dutzend kleine Löwen auf einmal, die miteinander spielen oder die alten ärgern. Die Mütter können sich beim Aufpassen auf ihren Nachwuchs abwechseln.

Die Löwin ist kleiner als das Männchen und wiegt ungefähr 150 kg.

Die Löwin hat keine Mähne.

Bei der Geburt wiegt ein Junges etwa 1,5 kg. In den ersten acht Wochen bleiben die Löwenbabys bei der Mutter; dann schließen sie sich dem Rudel und den anderen Jungen an.

Angriff!

Die Jagd ist den Weibchen vorbehalten. Oft legen sie ihrer Beute einen Hinterhalt. Zwei Löwinnen verfolgen das ausgesuchte Tier und treiben es den anderen Jägerinnen zu, die im hohen Gras lauern. Sie beobachten die Hetzjagd und fangen die Beute ab, die ihnen praktisch zwischen die Pfoten läuft. Häufig stehlen Löwinnen auch Beute, die Geparden oder Hyänen erlegt haben.

66

Der Luchs

Wie Löwe, Puma und Tiger gehört der Luchs zu den Wildkatzen. Obwohl er sehr schlau und gewandt ist, entwischt ihm seine Beute oft. Das macht die Jagd zu einer zeitaufwendigen Beschäftigung, zumal sein Revier sehr groß ist.

Haarpinsel auf
den Ohrenspitzen
Ebenso wie seine
Verwandte, die
Katze, kann auch
der Luchs seine
Krallen einziehen.

Da sie um die Sicherheit der Jungen besorgt ist, wechselt die Mutter öfter das Lager. Die Kinderstube der kleinen Luchse ist nicht leicht zu entdecken, besonders wenn sie sich in felsiger Umgebung befindet.

Ein seltenes Tier

In europäischen Ländern gab es lange Zeit kaum noch Luchse, denn sie wurden wegen des schönen Fells und weil sie angeblich zu viel Wild schlugen stark bejagt. Heute leben wieder einige Tiere im Bayerischen Wald, in der Schweiz und in den Pyrenäen. Das Zählen und Beobachten der ausgewilderten oder eingewanderten Luchse ist sehr schwierig, denn man bekommt sie kaum zu sehen.

Im Winter wird das Fell dichter. So schützt es gut vor Kälte.
Stummelschwanz

Der Schnee ist zu tief: Der Luchs sinkt ein. Dem wesentlich leichteren Hasen gelingt es dieses Mal zu fliehen.

Der Luchs jagt nachts. Tagsüber ruht er sich zwischen Felsen oder in einem Dickicht aus.

Immer Geduld haben!

Unbeweglich belauert der Luchs von einem Ast aus seine Beute. Wenn sie unter dem Ast herläuft, wirft er sich auf sie, tötet und frisst sie.

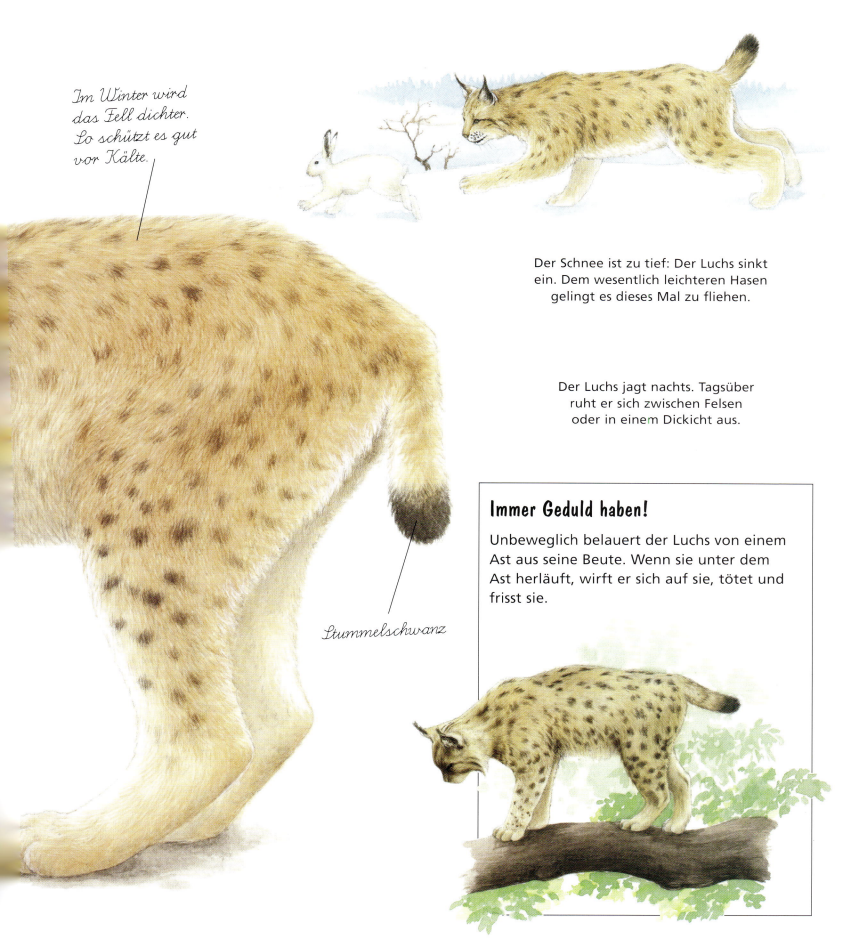

68 Das Mauswiesel

Das Mauswiesel ist das kleinste europäische Raubtier. Das Weibchen wiegt 40 bis 100 g und das Männchen 80 bis 250 g. Früher lebte das Mauswiesel in der Nähe des Menschen und jagte Mäuse und andere Nagetiere. Inzwischen wurde das Mauswiesel von der Katze, seinem einzigen Feind, aus den Häusern und Gärten vertrieben.

Das Weibchen kann zweimal im Jahr Junge bekommen.

Bei der Geburt wiegt ein Mauswiesel ungefähr 4 g und ist 4,5 cm lang. Nach einem Monat öffnet es die Augen. Nach fünf Wochen beginnt es mit der Beute zu spielen, die seine Eltern nach Hause bringen. Mit sieben Wochen tötet es seine ersten Waldmäuse. Mit drei Monaten kommt es so gut alleine zurecht, dass es seine Eltern verlässt.

Das Mauswiesel legt in seinem Bau einen Futtervorrat an.

Auf der Jagd

Mauswiesel sind ausgezeichnete Jäger. Sie ernähren sich hauptsächlich von kleinen Nagetieren. Sie können aber auch Tiere fangen, die wesentlich größer sind als sie selbst, wie z. B. Kaninchen. Wenn sich die Gelegenheit bietet, fressen Mauswiesel auch gerne Vögel und Eier.

Das Fell ist braun,
aber die Unterseite ist weiß.

Mauswiesel leben häufig in der Nähe von Häusern. Man sieht sie kaum, weil sie hauptsächlich nachts aktiv sind. Bei Gefahr flitzen sie durch den Zaun oder in ein Loch, auch wenn es nur einen Durchmesser von 2 cm hat.

70 Das Murmeltier

Murmeltiere leben in gut organisierten Familienverbänden. Jede Familie hat ihr Revier; es gibt häufig Kämpfe zwischen den Männchen. Um Murmeltiere zu beobachten, muss man geduldig und leise sein. Man trifft sie ab 1000 m Höhe an.

Murmeltiere leben vor allem in den Pyrenäen und den Alpen, aber auch im Schwarzwald, in der Schwäbischen Alb und im Bayerischen Wald.

Wachsam stellt sich das Murmeltier immer wieder auf die Hinterbeine. Wenn es in der Umgebung oder am Himmel eine Gefahr erkennt, warnt es die Familienmitglieder durch einen lang gezogenen Pfiff. Dann laufen alle schnell in den Bau.

Ebenso wie Maus und Eichhörnchen gehören sie zur Ordnung der Nagetiere.

kleine Ohren
dichtes, langes Fell
Mit den kräftigen Klauen kann es gut graben.

Auf manchen Almen bilden die Baue der Murmeltiere regelrechte unterirdische Städte.

Im Spätsommer fressen die Murmeltiere sich dick und rund, im Winter schlafen sie und fasten.

Achtung, Gefahr!

Am Himmel kreist ein Adler. Wenn eines der Tiere sich zu weit vom Bau entfernt, kann der Raubvogel es packen und fressen.

Eng aneinander gekuschelt schlafen die Murmeltiere von November bis März in ihrem Bau. Das nennt man Winterschlaf.

Das Nashorn

Das Spitzmaulnashorn oder Schwarze Nashorn ist das kleinste aller Nashörner; trotzdem wiegt es zwischen 900 und 2000 kg. Es ernährt sich überwiegend von Blättern, die es mit seiner spitz zulaufenden Oberlippe, die so geschickt wie ein Finger ist, von den Zweigen reißt. Es sieht nur sehr schlecht.

Madenhacker

Der Madenhacker verbringt den größten Teil des Tages auf einem Nashorn. Er befreit es von den zahlreichen Insekten und Parasiten, die sich in seiner Haut einnisten. Die beiden Gefährten sind unzertrennlich.

Die unbehaarte Haut ist 2 cm dick.

Das Spitzmaulnashorn wird 3 bis 4 m lang.

Obwohl sie sehr streng geschützt sind, werden Nashörner oft wegen ihrer Hörner von Wilderern erlegt. Die Hörner sind in Ostasien sehr begehrt, weil man glaubt, dass sie heilende und »magische« Eigenschaften haben. Dabei bestehen sie nur aus Keratin; das ist der Hornstoff, aus dem auch unsere Haare und Nägel sind. Sie können also gar keine besondere Wirkung haben.

Wer ist wer?

Ein naher Verwandter ist das Weiße Nashorn oder Breitmaulnashorn, das dem Spitzmaulnashorn sehr ähnlich sieht. Es ist das größte Mitglied der Nashornfamilie und wiegt 3 bis 4 t. Das wichtigste Unterscheidungsmerkmal ist die Oberlippe: Beim Breitmaulnashorn ist sie breiter und eckig.

Trotz ihrer Größe und ihres Gewichts galoppieren Nashörner mit einer Geschwindigkeit von bis zu 50 km/h!

Das Spitzmaulnashorn hat auf der Nase zwei Hörner. Das vordere, größere wird bis zu 1,20 m lang.

Nashörner lieben Schlammbäder, sie gehen aber auch gerne ins Wasser oder wälzen sich im Staub.

Die Tragzeit dauert 15 bis 16 Monate. Bei der Geburt wiegt das neugeborene Nashorn ungefähr 20 kg. Die Mutter säugt es zwei Jahre lang und behält es vier Jahre lang bei sich. Wehe, sie bemerkt, dass jemand ihr Junges angreifen will!

74 Das Nilkrokodil

Die großen erwachsenen Männchen können 5 m und länger werden! In der heißen Trockenzeit fressen sie Gnus, Gazellen und Vögel, die sich an der Tränke aufhalten. In der Regenzeit dagegen, wenn weniger Tiere kommen, halten sie es über mehrere Wochen ohne Nahrung aus.

Die Schuppen bilden auf dem Rücken zwei Leisten, aber nur eine auf dem Schwanz.
kurze Beine mit langen, kräftigen Zehen

Aus dem Sand gekrochen

Das Weibchen legt ungefähr 50 Eier in ein Loch, das es zuvor in den Sand gegraben hat. Anschließend schaufelt es das Loch wieder zu und bewacht die Eier drei Monate lang. Wenn sie zum Ausschlüpfen bereit sind, stoßen die Jungen klagende Rufe aus. Die Mutter befreit sie behutsam aus dem Sand, nimmt sie ins Maul und trägt sie zum Wasser.

Ein bisschen Angst machen

Kämpfe zwischen den Männchen sind selten. Meist begnügen sie sich damit, Eindringlinge mit weit aufgesperrtem, emporgestrecktem Maul, geblähter Brust und aufgerichtetem Schwanz einzuschüchtern.

Gut getarnt

Nichts ist gefährlicher als ein Krokodil, das auf der Lauer liegt. Es sieht aus wie ein Baumstamm, der in der Strömung treibt. Seine Augen ragen über das Wasser und beobachten die Vögel und Säugetiere, die an die Tränke kommen. Um sie zu packen, kann es über 2 m weit springen!

Die langen Kiefer sind beeindruckend. Wenn ein Zahn ausfällt oder abbricht, wächst sofort ein neuer nach. Die Zähne dienen nur zum Packen der Beute und dazu, sie unter Wasser zu ziehen, um sie zu ertränken. Anschließend zerreißt das Krokodil sie, indem es die Beute festhält und herumwirbelt. Es schlingt die Stücke hinunter, ohne zu kauen.

Die Schuppen auf dem Rücken sind so hart wie ein Stückchen Holz.
senkrechte Pupille
Wenn es taucht, verschließt es die Nasenlöcher.

Wie alle Reptilien brauchen auch Krokodile viel Wärme. In den heißen Stunden des Tages legen sich die Krokodile ans Ufer. Die stärksten Tiere besetzen die besten Plätze für ein Sonnenbad.

76

Das Pferd

Früher wurden Wagen, Kutschen und Pflüge von Pferden gezogen. Bestimmte schwere, kräftige Rassen eignen sich besonders gut als Zugpferde. Heute werden Pferde vor allem für den Sport gehalten oder zum Reiten und Fahren in der Freizeit.

Während der ersten sechs Monate lebt das Fohlen hauptsächlich von Milch. Aber schon ab dem zweiten Monat grast es ein bisschen, so wie seine Mutter, die Stute.

Der Hengst ist der Vater des Fohlens. Er lebt auf einer eigenen Koppel. Viele Hengste kämpfen gerne, deswegen muss man sie von anderen Pferden trennen.

Das lange Haar wächst ununterbrochen weiter.

Mähne
Mit dem Schweif vertreibt das Pferd die Fliegen.

Pferde müssen ihre Zähne abnutzen, denn sie wachsen ständig weiter. Mit den Vorderzähnen beißen sie Gras ab; mit den Backenzähnen zermahlen sie es.

Die Hufe sind aus Horn, das ebenfalls ständig wächst. Wenn es sich nicht von alleine abnutzt, muss man es regelmäßig schneiden. Zum Schutz der Hufe bekommen Pferde oft Hufeisen.

Pferde füttern

Pferde lieben kleine Leckerbissen: Apfelstückchen, Karotten, hartes Brot ... Bevor man ein Pferd füttert, muss man den Besitzer um Erlaubnis fragen. Den Leckerbissen legt man auf die Hand und hält sie dem Pferd vor die Nase. Strecke die Hand ganz flach aus! Das Pferd kann nicht sehen, ob es in eine Karotte oder in einen Finger beißt!

Das Reh

Tagsüber sucht das Reh sich ein stilles Plätzchen und schläft. Morgens und abends, in der Dämmerung, kann man es auf den Lichtungen grasen sehen. Sehr zum Ärger der Bauern liebt es auch junge Getreidehalme.

In der Paarungszeit werden die Rehböcke angriffslustig. In Gehegen werfen sie sich dann manchmal gegen die Zäune, um die Besucher zu vertreiben.

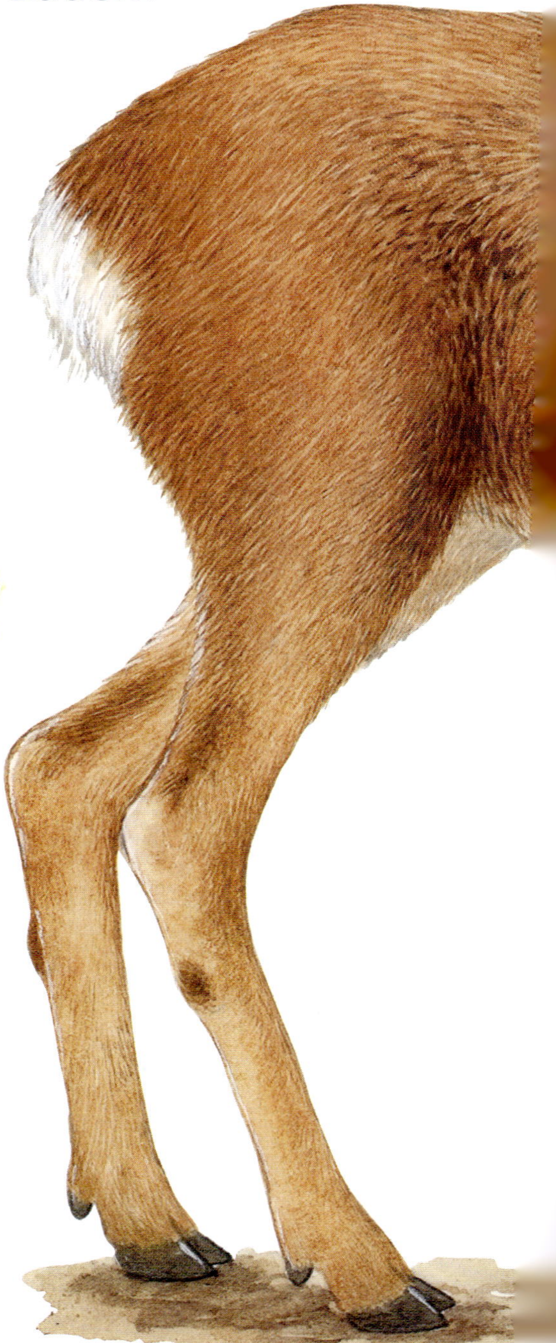

Ein Rehkitz liegt im Gras. Auch wenn du die Mutter nicht sehen kannst, ist sie doch in der Nähe. Rehkitze darf man nicht anfassen, denn der menschliche Geruch würde die Mutter abschrecken. Sie würde ihr Kitz verlassen und es müsste verhungern.

Das männliche Reh heißt Bock, das weibliche Ricke.

Nur Böcke tragen ein Geweih. Die Stangen sind klein und stehen sehr gerade.

80 Die Ringeltaube

Die Ringeltaube ist die größte Taube Deutschlands. Wir treffen sie immer öfter in Gesellschaft der Felsentaube in unseren Städten an. Außerhalb der Brutzeit, in der sie in Paaren leben, bilden Ringeltauben große Schwärme.

In Süd-Europa werden Ringeltauben auch gejagt und gegessen.

Mit lautem Flügelschlag fliegt der gesamte Schwarm auf einmal zur Nahrungssuche auf. Auf ihrem Speiseplan stehen vor allem Samen und Körner. Sie ernähren sich aber auch von Bucheckern, Schnecken und Würmern sowie von den Blättern junger Pflanzen.

Sie werden ungefähr 40 cm lang, bei einer Spannweite von 75 cm, und wiegen 500 g.

Bei der Geburt besitzen die Ringeltauben nur weiße oder gelbe steife Federstummel. Ihr Kopf ist kahl, der verhältnismäßig lange Schnabel rosa und schwarz und um das Auge ist ein großer bläulicher Ring.

In der Brutzeit stoßen Ringeltauben ein tiefes Gurren aus.

Ein breites, weißes Band, das nur im Flug sichtbar ist, schmückt die Flügel.

Männchen und Weibchen wechseln sich 18 Tage lang beim Bebrüten der beiden weißen Eier ab.

Die Tauben

Der Familie der Tauben gehören neben den Ringeltauben auch andere Arten an. Außer in großen Parks und in Wäldern leben sie auch in Gärten.

Das Rotkehlchen

Das Rotkehlchen gehört bei uns zu den bekanntesten Singvögeln, denn man sieht und hört es das ganze Jahr über. Mit seinem feinen Schnabel pickt es am Boden aus den zusammengekehrten Blättern oder der umgegrabenen Erde Insekten, Würmer und Spinnen.

Rotkehlchen sind kleine, rundliche Vögel.

Rotkehlchen sind begabte Sänger, die uns das ganze Jahr über mit ihrem hohen Gesang erfreuen. Ihren Ruf »tick, tick, tick« kannst du häufig im Gebüsch hören.

Das Federkleid der jungen Rotkehlchen ist braun gefleckt.

Rotkehlchen wiegen 20 g. Sie werden 14 cm lang und haben eine Spannweite von 22 cm.

Rotkehlchen verteidigen sehr energisch ihr Revier. Wenn sie die Flügel abspreizen, den Schnabel öffnen und den Schwanz anheben, fühlen sie sich gestört.

Das Weibchen legt zum ersten Mal im April fünf bis sieben weißliche, braun getupfte Eier. Während sie die Eier ausbrütet, versorgt das Männchen sie mit Nahrung. Nach dem Ausschlüpfen füttern beide Eltern die Jungen.

Wenn die Rotkehlchen ausschlüpfen, sind sie nackt; nur auf Kopf und Flügeln erscheint ein leichter Flaum. Mit weit aufgesperrtem Schnabel verlangen sie ständig nach Nahrung.

Im Jahr ziehen die Eltern zwei bis drei Gelege groß.

Wenn es kalt wird

Der Winter ist für Vögel eine schwierige Zeit: Das Futter wird knapp und es wird kalt. Wenn das Rotkehlchen friert, plustert es sein Gefieder auf, sodass sich um seinen Körper herum eine warme Luftschicht bildet.

84

Das Schaf

Auch bei den Schafen gibt es viele verschiedene Rassen. Schafe leben meistens auf eingezäunten Weiden. Es gibt aber auch große Schafherden, die von Schäfern über offenes Land getrieben werden.

Schafe leben in der Herde und machen gerne alles gemeinsam. Wenn eines davonläuft, rennt ihm die ganze Herde hinterher.

Viele verschiedene Schafe

Zu den bekanntesten Rassen in Deutschland zählen die kleinen Heideschafe, die Merino-Schafe, die für ihre Wolle bekannt sind, sowie Schwarzköpfe und Weißköpfe, die wegen des Fleisches gehalten werden. Bei anderen Arten, wie den Wilstermarsch-Schafen, schätzt man vor allem die Milch.

Schafe weiden den ganzen Tag lang. Sie haben nur im Unterkiefer Zähne, deshalb können sie auch nicht beißen.

Bis zum Alter von einem Jahr werden die Jungtiere der Schafe Lämmer genannt.

Die Wolle wächst ständig nach und wiegt zwischen 2 und 3 kg. Im Frühling werden die Schafe geschoren. Danach fühlen sie sich sehr nackt, aber die Wolle wächst schnell wieder nach!

Den Vater der Lämmer nennt man Bock oder Widder. Er setzt seine Hörner im Kampf gegen andere Widder ein.

Die weiblichen Tiere, die Mutterschafe, haben nicht bei allen Rassen Hörner.

86 Der Schakal

Das kleine listige und vorsichtige Tier, das zu den Hundeartigen zählt, fürchtet sich nicht vor den großen Raubtieren der Savanne. Wenn sich die Gelegenheit ergibt, stibitzt er etwas von ihrer Beute; aber er jagt auch Nagetiere, junge Gazellen und Warzenschweine, Vögel und Insekten.

Unerwünschter Gast

Schakale streunen oft um Dörfer herum. Sie sind hier nicht willkommen, denn wenn sich die Gelegenheit ergibt, stehlen sie Hühner und andere kleine Haustiere.

In der Savanne kämpfen die Tiere ständig um Nahrung. Wenn irgendwo ein Tierkadaver liegt, muss ihn der Finder fressen, bevor die Konkurrenz kommt. Manchmal muss er seinen Platz an Stärkere abgeben. Die Schakale vertreiben die Geier, um vor ihnen satt zu werden.

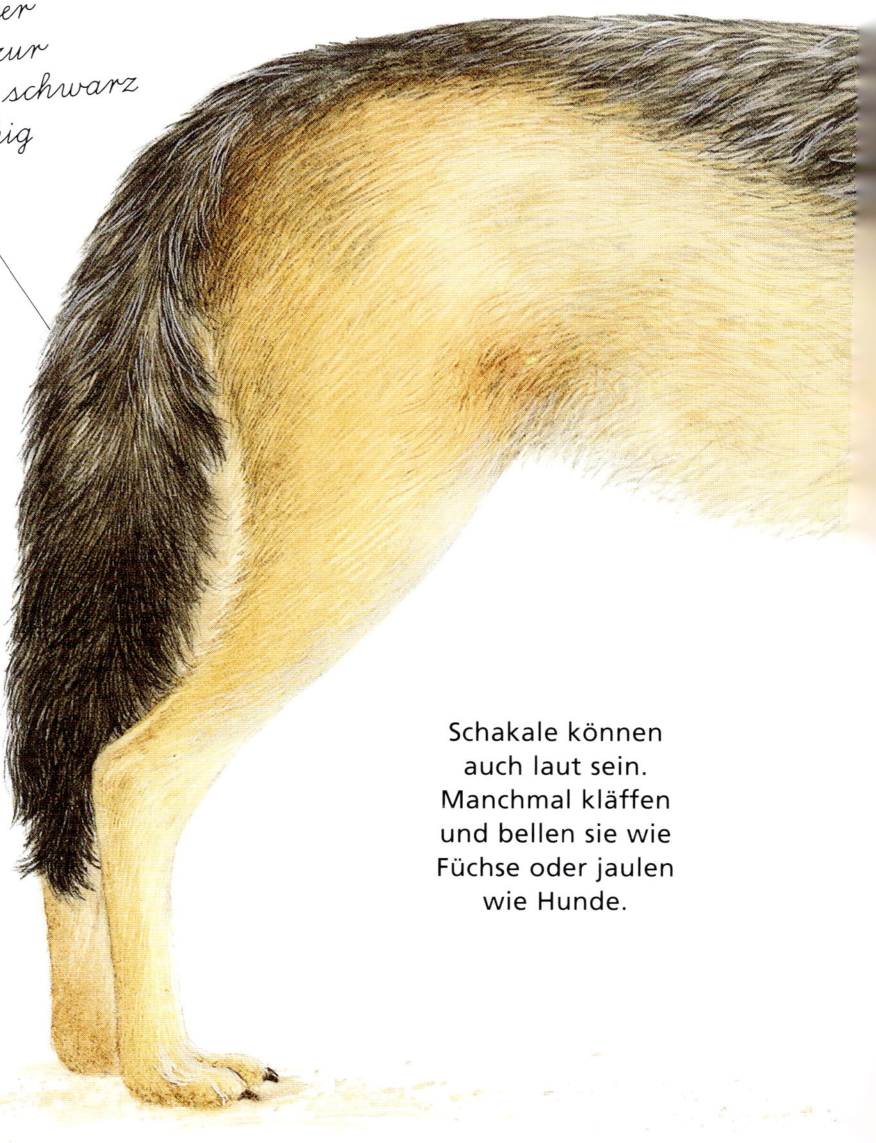

Schakale können auch laut sein. Manchmal kläffen und bellen sie wie Füchse oder jaulen wie Hunde.

Der Streifenschakal

Er ist kleiner als sein Verwandter, der Schabrackenschakal, und unterscheidet sich von ihm durch seine mehr oder weniger auffallenden, schmalen schwarzen und weißen Streifen an den Flanken. Er jagt nachts, begnügt sich aber auch mit dem, was Raubtiere und andere Aasfresser übrig gelassen haben.

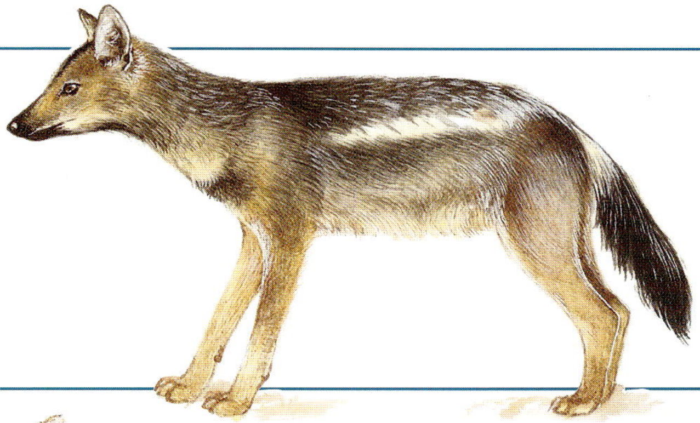

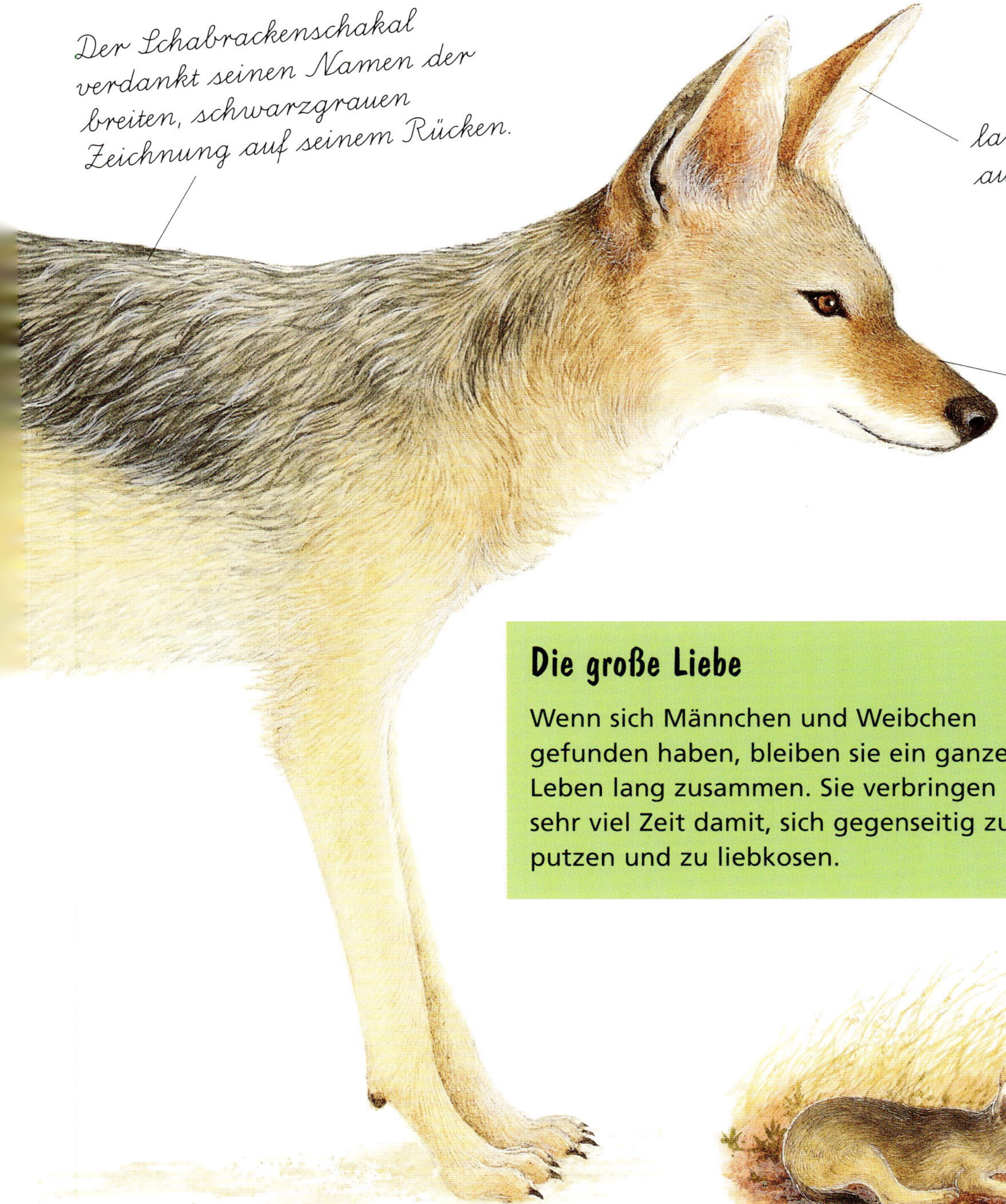

Die große Liebe

Wenn sich Männchen und Weibchen gefunden haben, bleiben sie ein ganzes Leben lang zusammen. Sie verbringen sehr viel Zeit damit, sich gegenseitig zu putzen und zu liebkosen.

Die Jungen werden im August in einem tiefen Bau geboren, dessen Eingang im Gebüsch verborgen ist. Dort bleiben sie etwa zwei Wochen, dann dürfen sie zum ersten Mal hinaus.

Die Schleiereule

Die Schleiereule erkennt man an ihrem Bauch, der rein weiß ist oder gelbbraun mit braunen Tupfen, an ihrem herzförmigen Gesicht und an ihren großen, schwarzen Augen.

Nachts sieht die Schleiereule genauso gut wie tagsüber.

Dank ihres seidigen Gefieders fliegt sie fast lautlos. Das ist sehr nützlich bei der Jagd. Leider fliegt sie auf der Suche nach kleinen Nagetieren nicht sehr hoch. Dabei wird sie häufig von Autoscheinwerfern geblendet und infolgedessen von Autos überfahren.

Wenn sie in ihrem Versteck sitzt und schläft, wiegt sie häufig den Kopf hin und her.

Die Spannweite beträgt 90 cm.

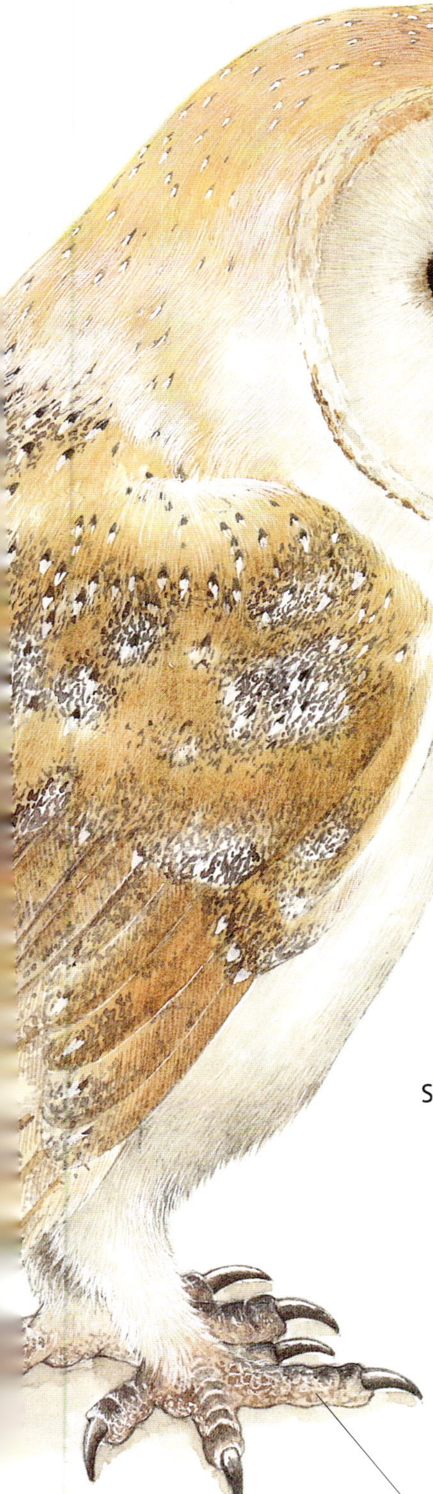
kräftiger Schnabel,
halb unter Federn versteckt
Mit den kräftigen Fängen
tötet sie die Beute immer sofort.

Sechs Wochen lang fliegen die Eltern vom Einbruch der Dämmerung bis zum frühen Morgen unermüdlich zwischen dem Nest und ihren Jagdgründen hin und her. Sie bringen ihrem hungrigen Nachwuchs Waldmäuse, Mäuse und große Insekten. Wenn die Jungen viel gefressen haben und sich aufplustern, wirken sie viel dicker als ihre Eltern.

Schleiereulen nisten am liebsten auf Dachböden sowie in Scheunen und Kirchtürmen. Das Weibchen legt vier bis sieben Eier auf den nackten Boden und bebrütet sie etwa 45 Tage lang allein. Das Männchen versorgt sie in dieser Zeit regelmäßig mit Nahrung.

Sie gibt schnarchende und kreischende Laute von sich.

Seltsame Reste

Wenn Eulen Insekten oder kleine Nager fressen, verschlingen sie diese ganz und verdauen sie. Die unverdaulichen Haare, Knochen und Insektenpanzer werden später als Knäuel wieder herausgewürgt. Man nennt sie Gewölle. Wenn sich Forscher mit dem Leben der Eulen befassen, erfahren sie durch die Untersuchung des Gewölles, was die Eulen gefressen haben.

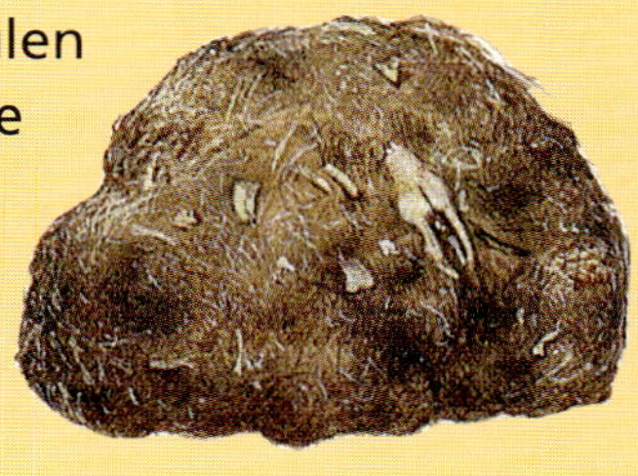

90 Der Schneehase

Diese Hasenart sieht einem Kaninchen ähnlicher als einem Hasen. In unseren Breiten lebt der Schneehase im Gebirge, bis in 3500 m Höhe, und hat viele natürliche Feinde. Dabei ist er doch nur ein friedlicher Pflanzenfresser, der im Sommer an Gras und Trieben knabbert und im Winter an Rinden und Zweigen!

Seine Hinterpfoten sind dicht behaart. Dadurch sinken sie auch im tiefen Schnee nicht ein. Sie wirken wie Schneeschuhe und helfen dem Schneehasen, seinen Feinden zu entkommen.

Weiß oder braun?

Seinen Namen hat der Schneehase bekommen, weil sein Fell im Winter schneeweiß ist. Das ist in der Winterlandschaft eine gute Tarnung! Im Frühjahr, wenn der Schnee schmilzt, wird sein Fell zunehmend braun, sodass er nicht auffällt, wenn er im Unterholz sitzt. Außerdem sind die Haare des Sommerfells kürzer und weniger dicht als die des Winterfells.

Die Ohrenspitzen bleiben immer schwarz.
Die Schnauze ist im Winter ganz weiß.
Das dicke Winterfell hält ihn warm.

Der Schneehase hat kürzere Ohren als der Feldhase.

Das Weibchen bringt mehrmals im Jahr Junge zur Welt. In einem sicheren Versteck zwischen den Felsen können die kleinen Hasen in Ruhe trinken, schlafen – und wachsen.

In der Nacht

Schneehasen sind scheu und kommen erst in der Abenddämmerung heraus. Auf den Wiesen finden sie nicht nur Nahrung, sondern auch Artgenossen, mit denen sie im Mondschein spielen.

92 Das Schwein

Bei den Schweinen nennt man das männliche Tier Eber, das weibliche Sau. Die Jungen heißen Ferkel. Schweine, die nicht zur Zucht verwendet werden, werden kastriert. Sie wachsen dann schneller und werden dicker.

Die Sau kann zweimal im Jahr werfen, jedes Mal zwischen zehn und vierzehn Ferkel. Sie hat sieben Zitzenpaare. Jedes Ferkel saugt immer an derselben Zitze.

Schweine nennt man Allesfresser, weil sie alles mögen und alles vertragen: Getreide, Früchte, Obst- und Gemüseschalen und sogar Fleisch.

In den ersten Tagen nach der Geburt wird die Muttersau in einen engen Pferch gesperrt und die Ferkel kommen nur zum Trinken zu ihr, denn sie ist so dick, dass sie die Jungen aus Versehen erdrücken könnte. Damit die Ferkel nicht frieren, hängt man eine Wärmelampe über ihren Schlafplatz.

Saubere Schweinchen

Es heißt, Schweine seien schmutzig. In Wirklichkeit sind sie sehr reinliche Tiere. Im Stall halten sie ihren Schlafplatz sauber. Es stimmt, dass sie sich im Schlamm wälzen, aber sie machen es, um sich abzukühlen, denn sie können nicht schwitzen.

Weil das Schwein mit seinem Rüssel gut in der Erde graben und gleichzeitig schnuppern kann, entgeht ihm kein Leckerbissen.

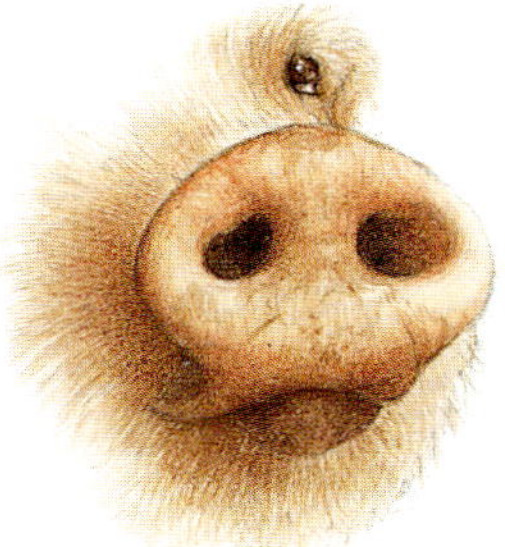

Der Körper ist mit kleinen, festen Härchen, den Borsten, bedeckt. Man kann aus ihnen Bürsten und Pinsel machen.
Zitzen

Die Ferkel spielen sehr viel miteinander.

Der Seestern

Fünf sternenförmig angeordnete Arme – das kann nur der Seestern sein. Er lebt auf oder unter Felsen. Mit seinen Armen kann er kriechen und klettern.

Das Maul sitzt auf der Unterseite, genau in der Mitte des Sterns.

Auf seiner rauen Haut hat er viele kurze, abgerundete Stacheln.

Die Unterseite

Seesterne kriechen mithilfe Hunderter kleiner Saugnäpfe an der Unterseite ihrer Arme über den Meeresboden. Sie sind sehr beweglich und können sich auch ohne Mühe umdrehen.

Unter der Haut befinden sich harte Kalkstückchen: Sie bilden das Skelett des Seesterns.

Seesterne fressen gerne Muscheln. Sie öffnen sie mit den Saugnäpfen an ihren Armen. Dann stülpt sich ihr Magen aus der Mundöffnung und verdaut die Muschel außerhalb des Körpers.

Die meisten Seesterne haben 5 Arme, aber einige haben viel mehr!

Stachlige Haut

Nicht allen diesen Tieren sieht man an, dass sie zur gleichen Familie wie die Seesterne gehören. Sie heißen *Echinodermata*, dieser Name bedeutet: Stachelhäuter.

Die Stacheln des Seeigels sind lang und spitz und schützen ihn vor Feinden.

Der zerbrechliche Schlangenstern kriecht mit seinen fünf feinen Armen.

Die Arme des Haarsterns erinnern an Federn; mit ihnen fängt er winzige Lebewesen wie in einem Netz.

Die Seewalze nennt man auch Seegurke, weil sie die Form einer Gurke hat. Sie bewegt sich mit winzigen Füßen, die den ganzen Körper besetzen.

Der Siebenschläfer

Es ist schwierig, den Siebenschläfer zu beobachten, da er den ganzen Tag schläft und erst nachts aktiv wird. Dann sucht er Futter, versorgt seine Jungen und legt Vorräte für den Winter an. Dabei ist er sehr vorsichtig. Wenn er Angst hat, fängt er an zu quieken.

Für seine Jungen baut er ein Nest aus Moos und Blätter in Baumhöhlen oder auch in Vogelnistkästen.

Der Winterschlaf dauert von Oktober bis Mai. Zu einer Kugel zusammengerollt, die Nase unter den Schwanz gesteckt, schläft er sehr fest. Er überwintert häufig in einem Schuppen oder in einer Scheune. Von Zeit zu Zeit wacht er auf, frisst eine Nuss oder eine Kastanie aus seinem Vorrat und schläft wieder ein.

Bei der Geburt sind die Jungen nackt und rosig. Ihre Augen öffnen sie erst später.

Seine Körperlänge beträgt 15 cm.
Sein Schwanz ist 12 cm lang.

Mit dem buschigen Schwanz hält er bei seinen Sprüngen von Ast zu Ast das Gleichgewicht.

Ein naher Verwandter

Der Gartenschläfer schleicht nachts in Keller und Scheunen, um sich dort über eingelagerte Äpfel und Birnen herzumachen. Er frisst auch viele Insekten, die er auf den Bäumen fängt. Und wenn eine Vogelmutter ihr Nest verlässt, holt er sich die Eier.

Siebenschläfer fressen alles, was ihnen die Jahreszeit bietet: Insekten, Pilze, Knospen, Beeren, Eier. Am liebsten mögen sie Obst. Sie knabbern die Früchte direkt am Baum an oder bringen sie in ihr Vorratslager.

98 Die Silbermöwe

Sobald man sich dem Meer nähert, hört man ihre durchdringenden Schreie. Sie macht viel Schmutz und ist ein frecher Dieb, aber ihr Flug wirkt kunstvoll und majestätisch.

Mit dem großen, an der Spitze abwärts gekrümmten Schnabel kann sie Fische aus dem Wasser holen und jede Art von Nahrung in Stücke reißen.

Junge Silbermöwen tragen zunächst einige Wochen lang ein graues Flaumkleid, bevor sie ihr Jugendkleid anlegen.

Die Möweneier sind dunkel gesprenkelt, damit sie im Bodennest gut getarnt sind.

Zu Tisch!

Möwen haben scharfe Augen. Sobald sich an der Wasseroberfläche etwas bewegt, kommen sie herbeigeflogen. Wenn kleine Fische von größeren gejagt werden, nutzen sie deren Unachtsamkeit und holen sich ihren Anteil.

Möwen können lange Zeit im Aufwind segeln, ohne ihre Flügel zu bewegen.

Bis zum Alter von zwei Jahren haben die jungen Möwen am ganzen Körper ein graubraunes Gefieder: Man nennt es ihr Jugendkleid.

Möwen glätten häufig ihr Gefieder, damit kein Wasser eindringen kann.

Mit ihren Schwimmfüßen sind die Möwen gute Schwimmer. Allerdings bleiben sie an der Oberfläche und tauchen nie.

Verwandtschaftsgruppe der Möwen

Lachmöwen und Seeschwalben, die zu einer Verwandtschaftsgruppe zählen, sind leicht von den anderen Möwen und möwenartigen Vögeln zu unterscheiden.

Im Sommer erkennt man die Lachmöwe gut am schwarzbraunen Kopf und dem roten Schnabel. Im Winter ist ihr Kopf jedoch ganz weiß.

Die Küstenseeschwalben sind kleiner als Lachmöwen. Ihr Kopf wirkt zierlicher und ihre Flügel sind schmäler. Sie stürzen sich von sehr hoch oben ins Wasser, um kleine Fische zu fangen.

100 Der Steinadler

Der Steinadler gehört zur Familie der Greifvögel und ernährt sich von kleinen Säugetieren und Aas. Mit ausgebreiteten Schwingen kreist er über den Almen. Seine scharfen Augen bemerken auch die kleinste Bewegung seiner Beute. Ist er in der Nähe, müssen sich Murmeltiere und Hasen sehr in Acht nehmen!

Adler gehören zu den geschützten Tierarten.

Ein Märchen

In Sagen und Märchen tragen Adler oft Schafe und kleine Kinder davon. In Wirklichkeit sind Adler zwar sehr stark, dazu aber nicht stark genug: Sie wiegen selbst höchstens 5 kg.

Beim Sturzflug auf die Beute erreicht er eine Geschwindigkeit von bis zu 150 km/h.

Die Füße der Adler nennt man Fänge. Mit ihnen fangen und töten sie ihre Beute. Die kräftigen Zehen sind mit langen, gebogenen Krallen ausgestattet.

Kampf ums Überleben

Das Adlernest wird Horst genannt. Es befindet sich auf einem hohen Baum oder an einer Felswand. Das Weibchen legt meist zwei Eier und bebrütet sie 45 Tage lang. Nur selten werden beide Adlerjungen aufgezogen. Das erste Junge schlüpft vier bis fünf Tage vor dem zweiten und tötet das schwächere Jüngere. Es frisst im wahrsten Sinne des Wortes »für zwei« und hat dadurch mehr Chancen zu überleben. Bei der Geburt und während der ersten Lebenstage ist der Körper junger Adler mit weißem Flaum bedeckt.

Die Spannweite der Schwingen beträgt 2 m.

Mit dem Schnabel reißt der Adler Stücke aus der Beute und frisst sie oder füttert damit seine Jungen.

102 Der Steinmarder

Der Steinmarder lebt in Dörfern und Städten. Sein Versteck verlässt er nur zwischen Sonnenuntergang und Morgendämmerung. Er kann mehrere Unterschlupfe haben, die er unterschiedlich nutzt. Der Steinmarder beschädigt manchmal Autos. Er schleicht unter die Motorhaube und knabbert elektrische Kabel an.

Im Frühling bekommt das Weibchen zwischen zwei und sieben Junge, die bei ihrer Geburt etwa 30 g wiegen. Nach einem Monat öffnen sie die Augen und in der achten Woche werden sie abgestillt. Im Alter von 19 Wochen jagen sie ihre Beute bereits selbst.

Steinmarder passen ihren Speiseplan an ihre Umgebung und die Jahreszeit an. Sie mögen vor allem Früchte und Beeren. Sie fressen aber auch Insekten, Würmer, Aas und Haushaltsabfälle.

dickes, weiches Fell
dreieckige Ohren
rosa Nase
Der weiße Kehlfleck sieht bei jedem Steinmarder ein wenig anders aus.

Wer ist wer?

Beide Geschlechter sind gleich gefärbt, aber das Männchen ist mit 70 cm größer als das Weibchen mit 60 cm. Die Männchen wiegen etwa 1,8 kg und die Weibchen ungefähr 1,4 kg. Im Winter nehmen die Tiere bis zu 300 g ab.

104 Die Strandkrabbe

Sie hat zehn Beine, zwei davon sind Scheren. Die Strandkrabbe kommt in Europa häufiger vor als die Woll- oder Schamkrabben.

Mit ihren Fühlern tasten sie und mit ihren Augen beobachten sie, was in der näheren Umgebung passiert.

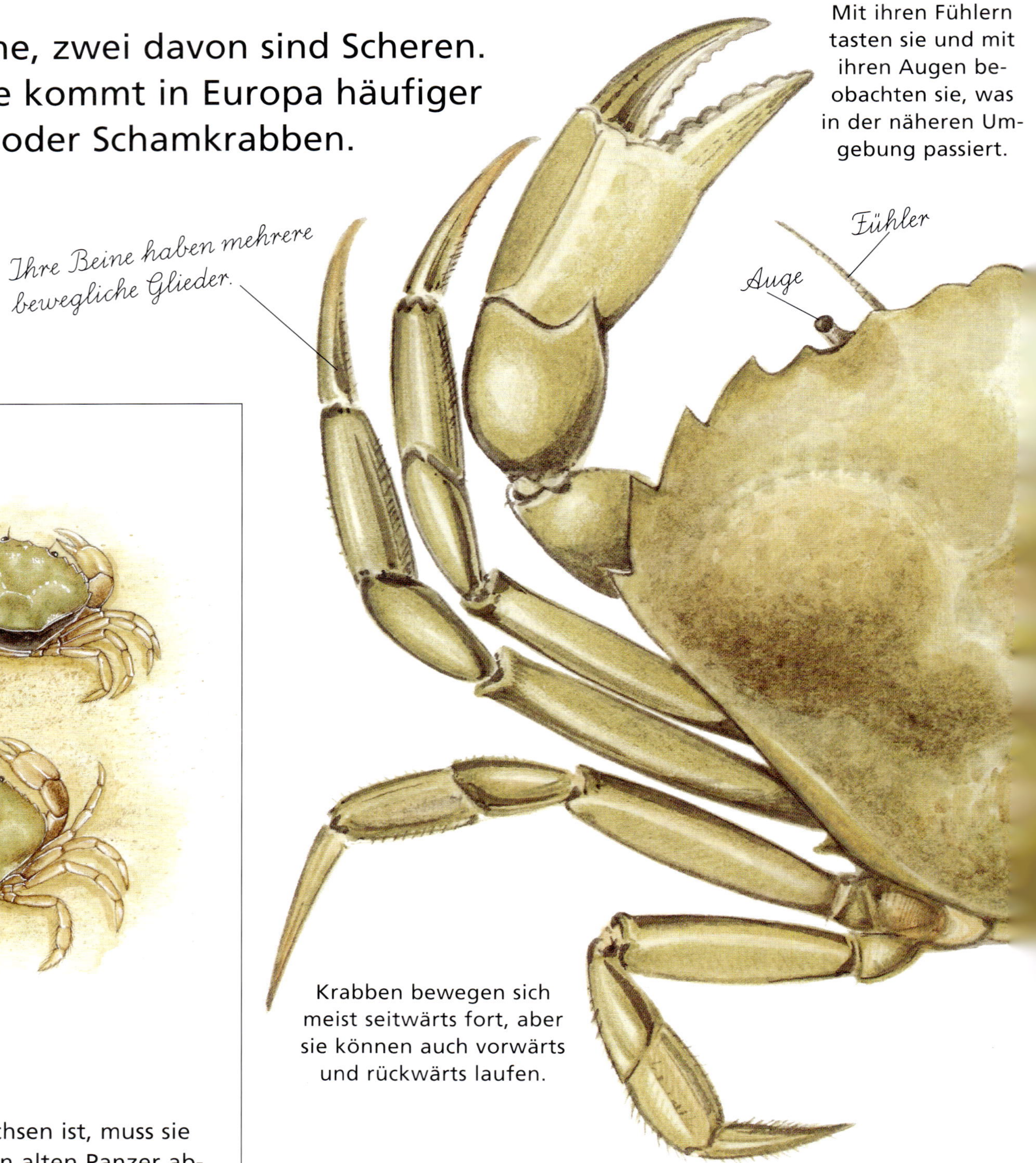

Krabben bewegen sich meist seitwärts fort, aber sie können auch vorwärts und rückwärts laufen.

Strandkrabben sind häufig grünlich braun, manchmal haben sie auch andere Farben.

Panzerwechsel

Wenn die Krabbe gewachsen ist, muss sie den zu klein gewordenen alten Panzer ablegen. Darunter gibt es schon einen neuen Panzer, der nun hart wird.

Mit den Scheren verteidigen sich die Strandkrabben oder greifen ihre Nahrung, zum Beispiel Muscheln, und knacken sie.
Wie eine Rüstung bedeckt der Panzer den Rücken, die Beine und den Kopf.

Gepanzerte Meeresbewohner

Alle mit der Strandkrabbe verwandten Krebstiere haben einen mehr oder weniger festen Panzer.

Der Taschenkrebs hat einen großen Panzer und lebt zwischen Felsen am flachen Ufer.

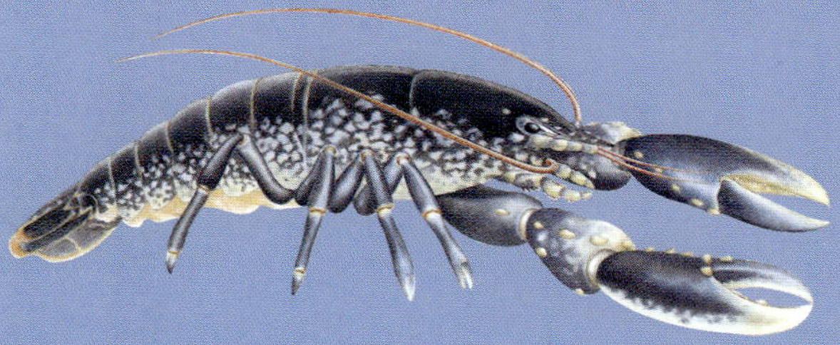

Der lebende Hummer hat einen dunkelblauen Panzer. Kocht man ihn, wird er rot.

Der Panzer einer Garnele ist viel zarter als der von einem Krebs oder Hummer.

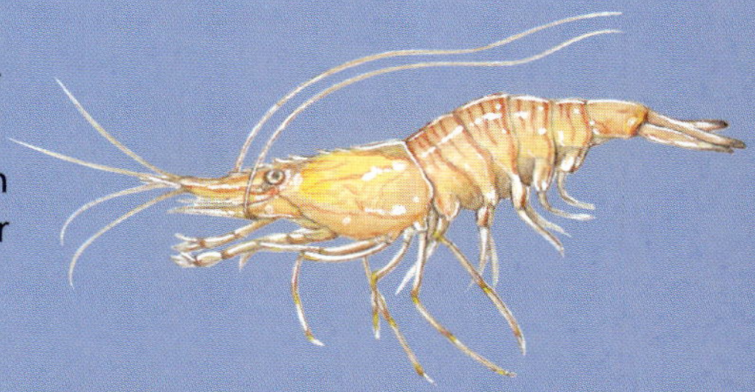

Der Panzer eines Einsiedlerkrebses ist sehr weich, deshalb verkriecht er sich in einer leeren Muschel, die seinen Hinterleib schützen soll.

Der Strandfloh hüpft im Sand und im Kies der Strände umher. Seine Verwandten, die Flohkrebse, leben im Wasser.

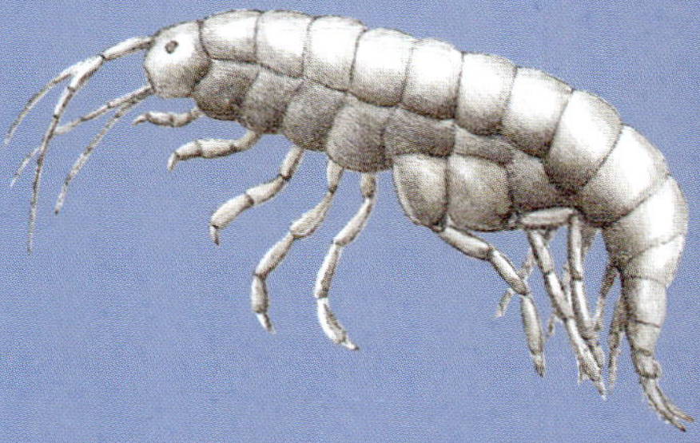

106 Die Tüpfelhyäne

Hyänen leben in Rudeln von fünf bis über fünfzig Tieren; die Weibchen geben den Ton an. Alle Tiere markieren das gemeinsame Revier. Innerhalb des Rudels kommt es nur selten zu Streit; dafür verlaufen Kämpfe gegen andere Rudel meist blutig.

Geteilte Beute

Hyänen ernähren sich nicht nur von Aas, sondern jagen auch Gnus, Zebras und Antilopen. Außerdem greifen sie alle Arten von verletzten oder kranken Tieren an, sogar so große wie Elefanten und Flusspferde und so gefährliche wie Löwen und Büffel.

Der abfallende Rücken ist niedriger als die breiten Schultern.

Eine hungrige Hyäne kann bei einer einzigen Mahlzeit 10 kg Fleisch verschlingen. Normalerweise reichen ihr aber täglich 2 kg.

Das berühmte »Lachen« der Hyänen hört sich beeindruckend an. Die Hyäne stößt es aus, wenn sie aufgeregt ist. Sonst gibt sie ein langes, dumpfes Heulen von sich. Das hört sich bei jedem Tier ein bisschen anders an und hilft den Tieren, sich untereinander zu verständigen.

Bei der Geburt ist das Fell der Jungen einfarbig dunkelbraun. Die ersten Flecken zeigen sich im Alter von zwei Monaten. Manchmal werfen mehrere Weibchen im gleichen Bau und zur gleichen Zeit. Aber jede Mutter kümmert sich ausschließlich um ihre zwei oder drei Jungen, die sie fast ein Jahr lang säugt.

Hyänen haben eine schwarze Schnauze.

Die Weibchen sind größer als die Männchen.

Familienähnlichkeit

Die Streifenhyäne legt jede Nacht bei ihrer Nahrungssuche mehrere Kilometer zurück. Sie jagt kleine Säugetiere, Insekten, Reptilien und frisst auch Früchte und Beeren.

108 Der Uhu

Von den anderen Eulen unterscheidet sich der Uhu durch die langen Federohren. Typisch ist auch der starre Blick der großen gelborangen Augen. Mit 70 cm Körperlänge und über 2 m Flügelspannweite ist er die größte europäische Eule. Mit dem scharfen, krummen Schnabel zerteilt er geschickt seine Beute, die aus kleinen Säugetieren und Vögeln besteht.

Das Weibchen ist größer als das Männchen. Es legt zwei bis sechs runde, weiße Eier.

Wichtigster Posten auf dem Speiseplan sind kleine Nager. Der Uhu sitzt auf einem Ast auf der Lauer. Wenn er eine Maus sieht, stürzt er hinab und ergreift sie mit seinen Fängen. Dann frisst er sie oder bringt sie seinen Jungen mit.

Die jungen Eulen haben ein flauschiges helles Gefieder, das sie ziemlich unförmig aussehen lässt. Sie stopfen in sich hinein, was sie nur bekommen können, und werden schnell dick.

Federohr
gefiederte Läufe und Zehen
Die kräftigen Fänge mit den scharfen Krallen können die Beute fest packen.

Wie alle Eulen fliegt auch der Uhu nahezu geräuschlos.

Wie ausgestopft

Der Uhu verbringt den Tag schlafend auf einem Ast. Dort sitzt er ganz unbeweglich, sodass man ihn zwischen den Zweigen kaum erkennt. Bei Anbruch der Nacht wacht er auf und beginnt seine Jagd nach Beute.

Die Wale

Der Blauwal gehört zu den Bartenwalen und ist das größte heute lebende Tier; aber auch seine kleineren Verwandten sind beeindruckend. Sie ernähren sich von winzigen Krebstierchen. An manchen Tagen fressen sie 4 Tonnen davon.

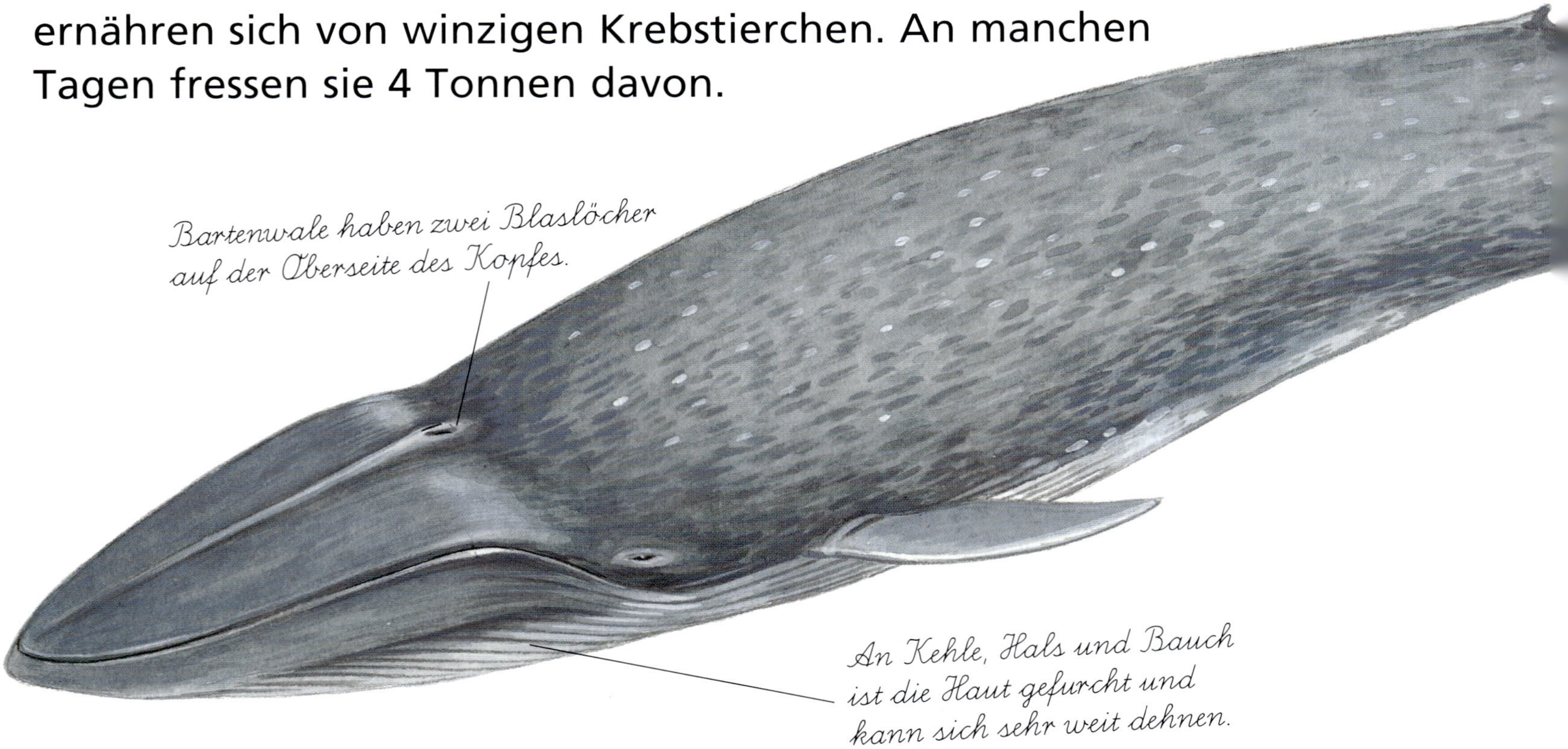

Bartenwale haben zwei Blaslöcher auf der Oberseite des Kopfes.
An Kehle, Hals und Bauch ist die Haut gefurcht und kann sich sehr weit dehnen.

Der Glattwal

Vor langer Zeit war er vor den nördlichen europäischen Küsten sehr verbreitet, aber er wurde zu stark vom Menschen gejagt. Heute leben im Nordatlantik weniger als 300 Glattwale.

Der Pottwal

Der Pottwal ist sehr groß, gehört aber nicht zu den Bartenwalen, weil er Zähne hat. Er ist ein wahrer Tauchchampion und kann bis zu zwei Stunden unter Wasser bleiben und dabei bis in über 1000 m Tiefe hinabsteigen.

Blauwale können über 30 m lang und bis zu 135 Tonnen schwer werden. Bei ihrer Geburt sind die Walkälber bereits 7 m lang und wiegen so viel wie zwei Elefanten.

Mit einer Körperlänge von weniger als 10 m ist der Zwergwal der kleine Verwandte des Blauwals.

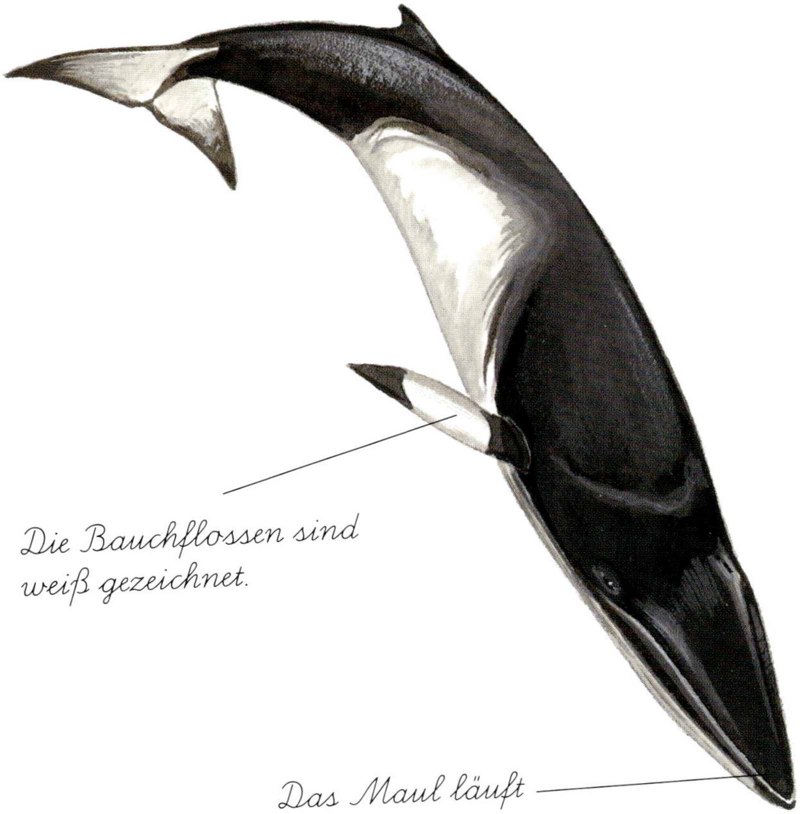

Die Bauchflossen sind weiß gezeichnet.

Das Maul läuft sehr spitz zu.

So fressen die Bartenwale

Die riesigen Wale ernähren sich von winzigen Krebstierchen, auch Krill genannt. Dazu filtern sie das Wasser mit ihren Barten; allerdings sind ihre Filtermethoden sehr unterschiedlich.

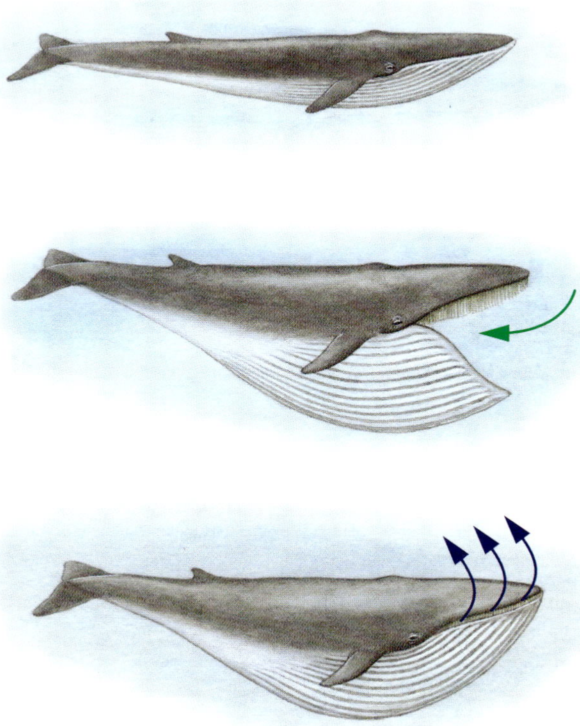

Furchenwale sind »Schlucker«. Mit weit gedehnter Kehle nehmen sie einen gewaltigen »Schluck« Wasser, in dem auch Krillschwärme enthalten sind. Dann stoßen sie das Wasser durch die Barten hindurch aus, an denen der Krill hängen bleibt.

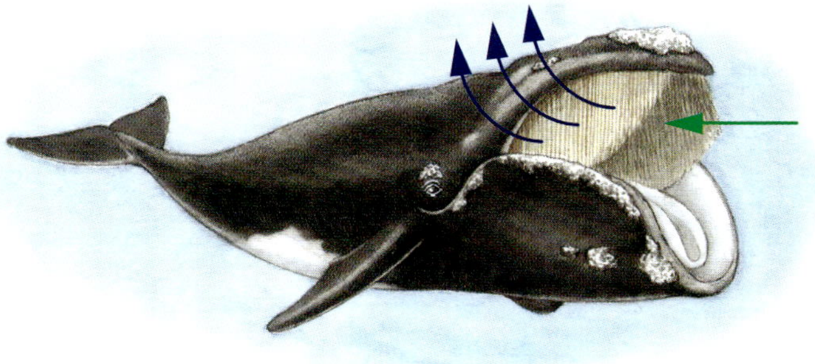

Der Glattwal ist ein »Sieber«. Er schwimmt langsam und mit offenem Maul. Das Wasser fließt ins Maul und strömt durch die Barten hinaus, die dann ebenfalls den Krill herausfiltern.

112 Die Weinbergschnecke

Die Weinbergschnecke trägt ein 5 cm großes kugeliges Gehäuse auf dem Rücken. Man sieht nur ihren Kopf und ihren Fuß. Wenn eine Gefahr droht oder sie müde ist, zieht sie sich ganz in ihr Gehäuse zurück. Auch ihre Fühler kann sie nach Bedarf ein- und ausfahren. Man sollte die Fühler nicht berühren, denn an den Spitzen befinden sich ihre Augen.

Das spiralig aufgerollte Gehäuse wächst mit der Schnecke mit.

Schnecken sind Zwitter. Das bedeutet, dass sie sowohl männlich als auch weiblich sind. Sie legen Eier, die wie kleine Perlen aussehen, und verstecken sie unter der Erde. Im Frühling schlüpfen kleine Schnecken aus den Eiern aus und kriechen mit ihren winzigen, durchsichtigen Häusern ans Tageslicht.

Um die Blätter und Kräuter fressen zu können, haben Schnecken eine besondere Zunge. Man nennt sie »Radula«. Auf ihr sitzen Hunderte von Zähnchen, wie auf einer Raspel.

Vorsicht! Weinbergschnecken stehen unter Naturschutz. Man darf sie nicht das ganze Jahr über sammeln.

Weinbergschnecken fressen gerne Pilze. Man sollte aber Pilze, an denen Schnecken gefressen haben, nicht für genießbar halten, denn sie vertragen auch giftige Pilze gut.

Im Winter schlüpfen die Weinbergschnecken unter die Erde oder unter einen Blumentopf. Dort sondern sie einen dicken Schleim ab, der schnell hart wird und den Ausgang ihres Hauses fest verschließt. Dann halten sie Winterschlaf.

Schöner wohnen

Im Garten kann man Schnecken von verschiedener Farbe und Größe finden. Die größte ist die Weinbergschnecke. Ihr Haus ist weiß, mit einem rosa Schimmer. Die Schalen kleinerer Arten sind meist bunter: rot oder gelb.

114 Die Wildkatze

Mit der kleinen rosa Nase, der hellen Brust, dem dicken, schwarz geringelten Schwanz und den großen; grünen Augen ähnelt die Wildkatze einer getigerten Hauskatze. Man bekommt sie im Wald nur sehr selten zu sehen.

Im April suchen sich die Weibchen Verstecke im Unterholz und bringen dort ihre drei bis vier Jungen zur Welt. Gleich nach der Geburt suchen die Kätzchen nach den Zitzen der Mutter.

Kater wiegen durchschnittlich 5 kg, Katzen 4 kg.

Ein geschickter Jäger

Wildkatzen ernähren sich von kleinen Nagern, Kaninchen und Vögeln. Im Winter, wenn das Wild selten wird, fressen sie auch Aas. Jedes Tier bewohnt ein Jagdrevier von etwa 3 km².

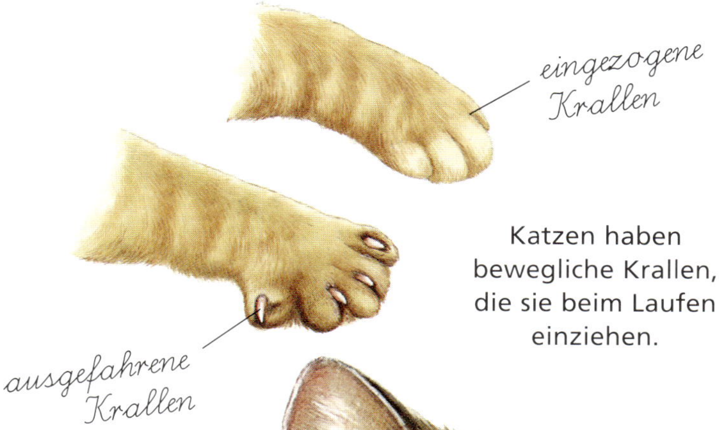

Katzen haben bewegliche Krallen, die sie beim Laufen einziehen.

Ebenso wie Hauskatzen fressen sie gelegentlich Gras, weil es ihnen beim Verdauen hilft.

Katzen aller Art

Auch wenn sie unterschiedlichen Rassen angehören, sehen sich Katzen immer ähnlich. Die verschiedenen Rassen unterscheiden sich in Farbe und Körperbau.

Burmakatze

Siamkatze

Europäische Hauskatze

Angorakatze

116 Das Wildschwein

Die Keiler sehen mit ihren großen Eckzähnen, den Hauern, beeindruckend aus. Den Menschen werden Wildschweine kaum gefährlich, es sei denn, ein verletztes Tier wird aggressiv. Wenn die Bache ihre Jungen bei sich hat, tut sie, als würde sie angreifen, stoppt dann aber und galoppiert mit ihrer Familie davon.

Um lästige Parasiten loszuwerden, die sich in ihrem Fell eingenistet haben, und vielleicht auch aus Spaß suhlen sich Wildschweine in Schlammlöchern.

Das weibliche Wildschwein wird Bache genannt. Sie ist ihren Frischlingen eine liebevolle Mutter.

Das Wühlen

Mit ihren Schnauzen graben die Wildschweine tiefe Furchen in den Boden; manchmal sieht er dann aus wie gepflügt. Auf diese Weise suchen die Wildschweine nach Insekten und Larven. Jäger nennen diese Stellen »Gebräch«.

Manchmal sind die Bauern sehr wütend auf die wilden Schweine, weil die Tiere in Kartoffel- und Getreideäcker einfallen und die Ernte verwüsten.

Im Schweinsgalopp

Die Bachen leben in kleinen Gruppen, »Rotten« genannt, zusammen, die von einem erfahrenen Weibchen geführt werden. Wenn die Rotte unterwegs ist, läuft ein Tier hinter dem anderen und alle recken das Schwänzchen hoch.

Das Zebra

Das Steppenzebra lebt in kleinen Familienherden, die aus einem Hengst und einer Gruppe von zwei bis fünf Stuten bestehen sowie den Fohlen, die jünger als zwei Jahre sind. Die erwachsenen Tiere bleiben ihr Leben lang zusammen. Zebras gehören zu den wenigen Tierarten, die kein Revier haben.

Beim Weiden stehen Zebras oft zwischen Gnu- oder Gazellenherden. Jede Tierart hat ihre eigenen Späher, die aufmerksam die Umgebung beobachten. Auf diese Weise werden Raubtiere sehr früh entdeckt. Im schnellen Galopp fliehen die Herden dann vor ihren hungrigen Jägern.

Jedes Zebra hat eine andere Zeichnung. Wenn man eine Herde beobachtet, kann man die Tiere an ihren Streifen auseinander halten.

Zebras schlafen wenig: nur zwei bis drei Stunden am Tag. Sie können auch im Stehen ein Nickerchen machen. Dabei schläft ein Tier der Gruppe; die anderen ringsherum bleiben wach und passen auf.

Die Hufe sind eine ernst zu nehmende Waffe und sogar große Raubkatzen haben Respekt vor einem ausschlagenden Zebra.

Vom Kopf bis zu den Schultern verläuft eine kurze, aufrecht stehende Mähne.
große bewegliche Ohren
empfindliches Maul

Bei der Geburt wiegt ein Zebra 30 kg, als erwachsenes Tier 300 kg.

Die Beine des Neugeborenen scheinen viel zu lang und dünn zu sein. Trotzdem steht es 15 Minuten nach der Geburt auf und kann zwei Stunden später hinter seiner Mutter hergaloppieren. Wenn sich das Fohlen zu weit von der Herde entfernt, holen es Vater oder Mutter sofort zurück.

Mit zwei Jahren werden die jungen Zebras selbständig. Die Stuten suchen sich eine andere Herde oder gründen mit einem allein lebenden Hengst eine Familie. Junge Hengste schließen sich für zwei oder drei Jahre zusammen und versuchen dann, eine eigene Herde aufzubauen.

Zwei bedrohte Arten

Grévyzebra
Sie sind die größten Zebras. Am Widerrist sind sie 1,50 m hoch und wiegen durchschnittlich 400 kg. Ihre Ohren sind lang und rund, ihre Streifen dünn und eng beieinander liegend.

Somali-Wildesel
Er lebt in kleinen isolierten Gruppen. Man erkennt ihn an dem schwarzen Streifen über der Wirbelsäule und den gestreiften Beinen.

120

Die Ziege

Bei den Ziegen heißt das männliche Tier Bock und das Junge Zicklein. Ziegen sind Wiederkäuer und geben Milch, die man trinken oder zu Käse verarbeiten kann.

Wenn die Zicklein vier Tage alt sind, werden sie von ihren Müttern getrennt und mit der Flasche aufgezogen. Die Ziegen werden dann gemolken. Nach drei oder vier Wochen dürfen die Zicklein in die Herde zurück.

Die Blätter von Bäumen und Büschen sind für Ziegen ein Leckerbissen – sie suchen sich die zartesten aus. Auch die Rinde junger Bäume fressen sie gerne.

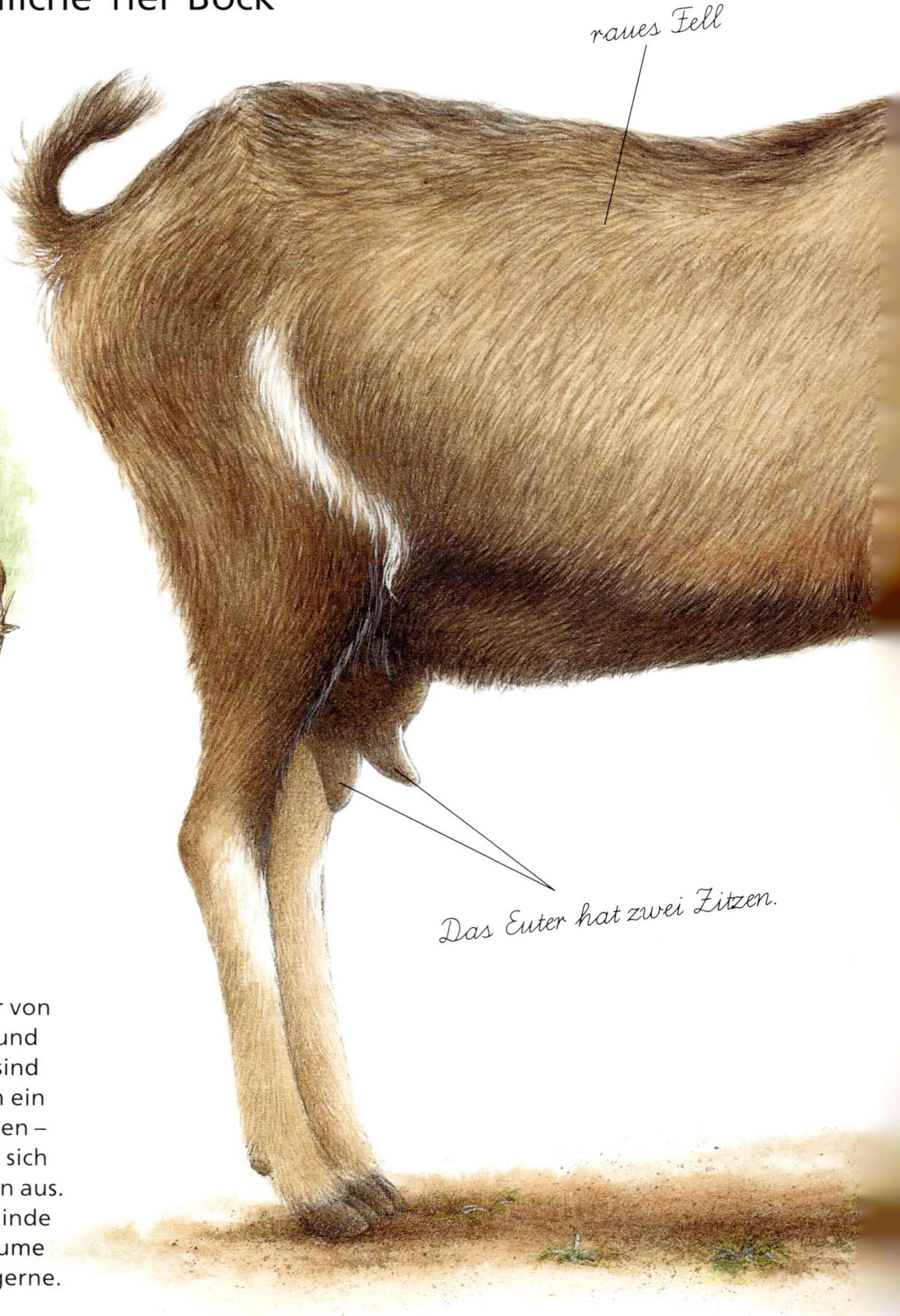
raues Fell
Das Euter hat zwei Zitzen.

Ziegenkäse

Aus Ziegenmilch werden viele verschiedene Frisch- und Hartkäsesorten hergestellt. Ziegenkäse hat ein besonderes Aroma und schmeckt meist schärfer als Käse aus Kuhmilch.

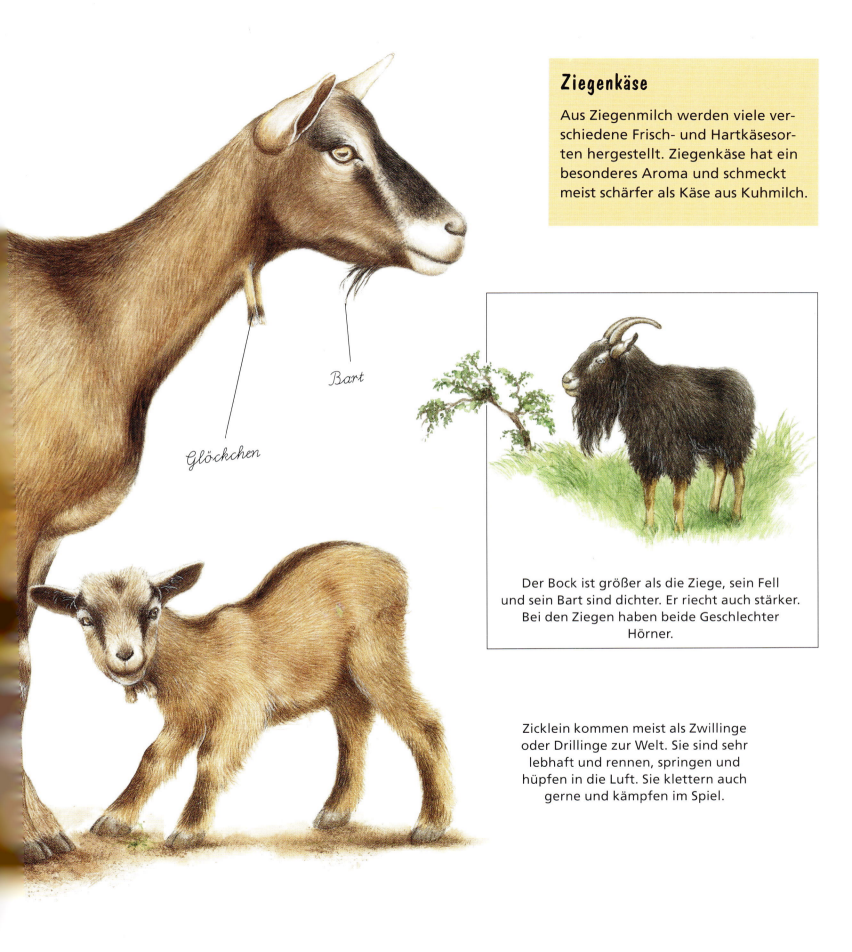

Der Bock ist größer als die Ziege, sein Fell und sein Bart sind dichter. Er riecht auch stärker. Bei den Ziegen haben beide Geschlechter Hörner.

Zicklein kommen meist als Zwillinge oder Drillinge zur Welt. Sie sind sehr lebhaft und rennen, springen und hüpfen in die Luft. Sie klettern auch gerne und kämpfen im Spiel.

122

Die Zwergfledermaus

Sie ist die kleinste Fledermaus Europas. An Sommerabenden sieht man sie häufig in der Nähe von Straßenlaternen Insekten jagen. Früher, als die Menschen noch abergläubischer waren, hielt man sie für gefährlich und tötete sie. Heute ist die Zwergfledermaus geschützt und als Insektenjäger auch sehr geschätzt.

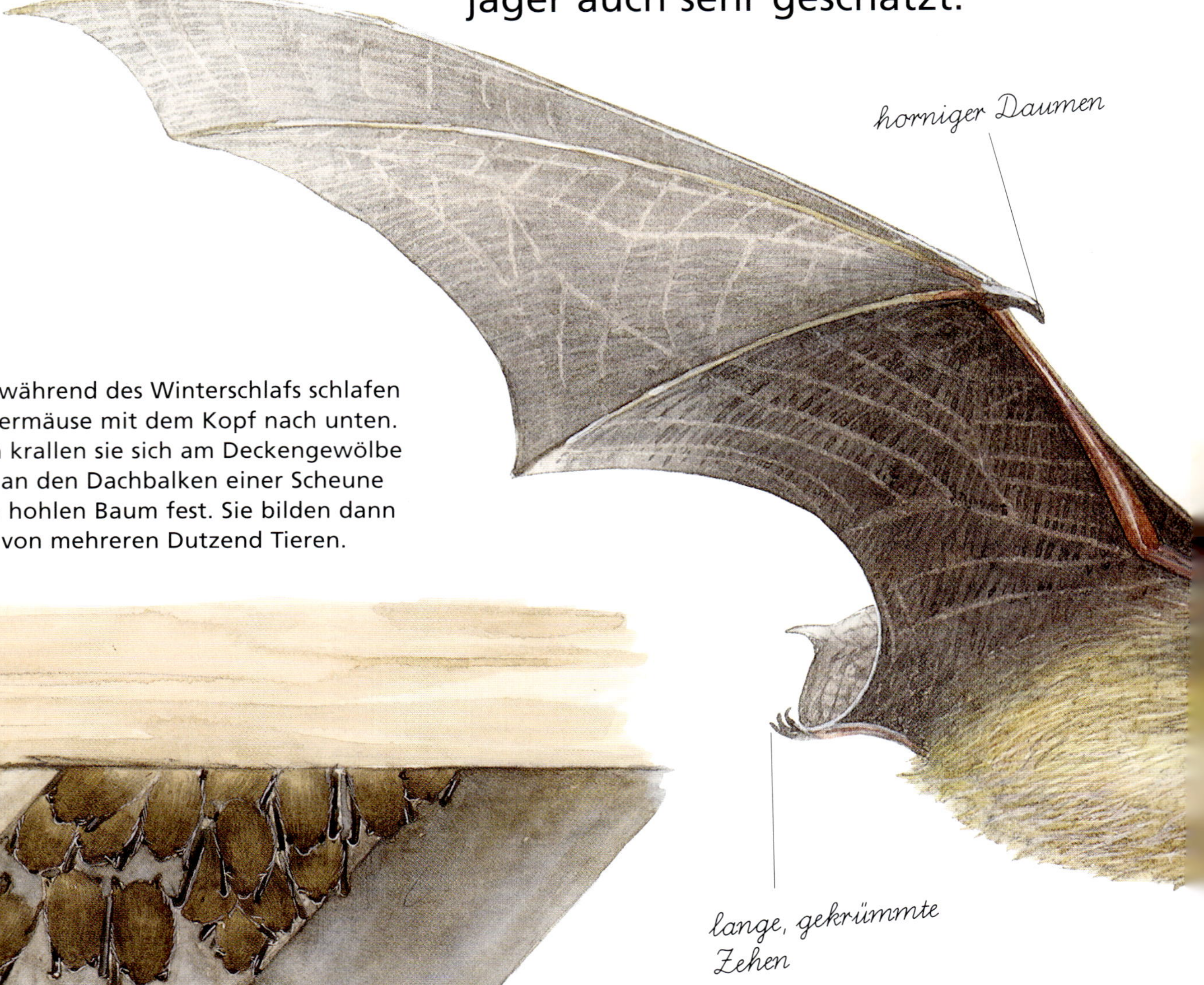

Tagsüber und während des Winterschlafs schlafen die Zwergfledermäuse mit dem Kopf nach unten. Mit den Zehen krallen sie sich am Deckengewölbe einer Höhle, an den Dachbalken einer Scheune oder in einem hohlen Baum fest. Sie bilden dann Kolonien von mehreren Dutzend Tieren.

Geschmäcker sind verschieden

Es gibt sehr viele Fledermausarten, die sich alle unterschiedlich ernähren. Manche sind, wie die Zwergfledermaus, Insektenfresser. Die meisten ernähren sich jedoch von Früchten. Andere hingegen fressen Fische. Der berühmte amerikanische »Gemeine Vampir« trinkt sogar das Blut von Weidetieren.

Alle Fledermäuse orientieren sich bei ihren nächtlichen Flügen durch eine Art Radar, das Sonarsystem. Sie stoßen sehr hohe Schreie aus. Hindernisse oder Beutetiere werfen ein Echo dieser Schreie zurück, das die Fledermäuse mit ihren Ohren hören können.

Die Weibchen bringen jedes Jahr im Juni ein oder zwei Junge zur Welt. Die nackten, blinden Jungen klammern sich an den Bauch der Mutter. Hier bleiben sie, bis sie selbst fliegen können. Wie bei allen Säugetieren säugt auch bei den Fledermäusen die Mutter ihre Jungen.

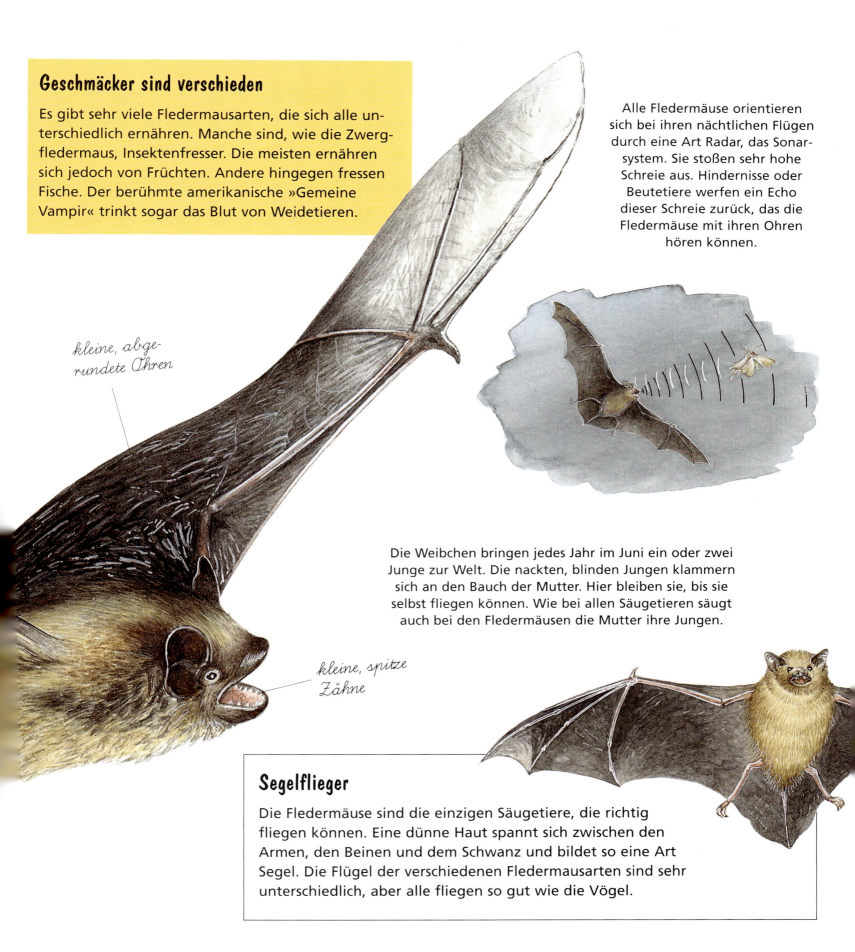

Segelflieger

Die Fledermäuse sind die einzigen Säugetiere, die richtig fliegen können. Eine dünne Haut spannt sich zwischen den Armen, den Beinen und dem Schwanz und bildet so eine Art Segel. Die Flügel der verschiedenen Fledermausarten sind sehr unterschiedlich, aber alle fliegen so gut wie die Vögel.

Register